Liebe Leserinnen, liebe Leser!

Für mich gibt es kaum etwas Herrlicheres als schöne Sommertage im Chiemgau. Dann spiegelt sich der weißblaue Himmel im Chiemsee, und angesichts der vielen Freizeitmöglichkeiten weiß man gar nicht, wo beginnen. Mit einer der berühmten „Plätten", jenen etwas behäbig wirkenden Segelbooten (s. S. 41) hinaus auf den See, erst einmal eine Runde schwimmen oder doch lieber eine Dampferfahrt unternehmen? Oder einfach nur an einem Plätzchen am See die Seele baumeln lassen?

Die Berge rufen

Auch die nahen Berge erscheinen sehr verlockend. Vom Bayerischen Meer, wie die Einheimischen den Chiemsee etwas hochtrabend nennen, ist es nicht weit zu Watzmann & Co. In den Chiemgauer Alpen und im Berchtesgadener Land bieten sich unzählige Wandermöglichkeiten aller Schwierigkeitsgrade. Hier kann jeder seinen ganz persönlichen Höhenrausch erleben. Im Chiemgau ist die Kampenwand das Wander- und Kletterziel schlechthin. Unser Fotograf Christian Bäck war dort an einem herrlichen Sonnentag unterwegs und kam angesichts der fantastischen Ausblicke ganz begeistert zurück. Einen Eindruck von seinem Wandererlebnis vermitteln die Bilder auf S. 44/45.

Hüttenzauber genießen

Nach einem steilen (oder auch gemächlichen) Aufstieg belohnt man sich mit der Einkehr in einer Alm- oder Berghütte. Zur zünftigen Brotzeit ist das prächtige Bergpanorama inklusive. Die schönsten Hütten stellt Ihnen Margit Kohl auf S. 22/23 vor, natürlich hat sie vorab alle Hütten für Sie getestet; in einigen kann man übrigens auch übernachten. Für mich war es ein erhebendes Gefühl nach einer Nacht im Hochgernhaus am nächsten Morgen ganz früh unterwegs zu sein – und dann die Berge in den ersten Stunden des Tages fast für mich allein zu haben. Sollten Sie ausprobieren!
Herzlich

Ihre

Birgit Borowski

Birgit Borowski
Programmmleiterin DuMont Bildatlas

Der Fotograf **Christian Bäck** ist in einem kleinen bayerischen Dorf aufgewachsen und liebt seit jeher die Alpenkulisse. Auch von seinem jetzigen Wohnort zwischen Staffelsee und Tegernsee hatte er es nicht weit bis in den Chiemgau.

Margit Kohl leitete lange den Reiseteil der Süddeutschen Zeitung und war anschließend als stellvertretende Chefredakteurin für das Reisemagazin des ADAC zuständig. Als Reisejournalistin ist sie viel in der Ferne unterwegs, recherchiert aber auch gerne in der Nähe ihres Wohnortes München.

Impressionen

Chiemsee

Chiemgauer Alpen

UNSERE FAVORITEN

Best of ...

Berchtesgadener Land

Rupertiwinkel

Zwischen Inn und Alz

DuMont Aktiv

Genießen   Erleben   Erfahren

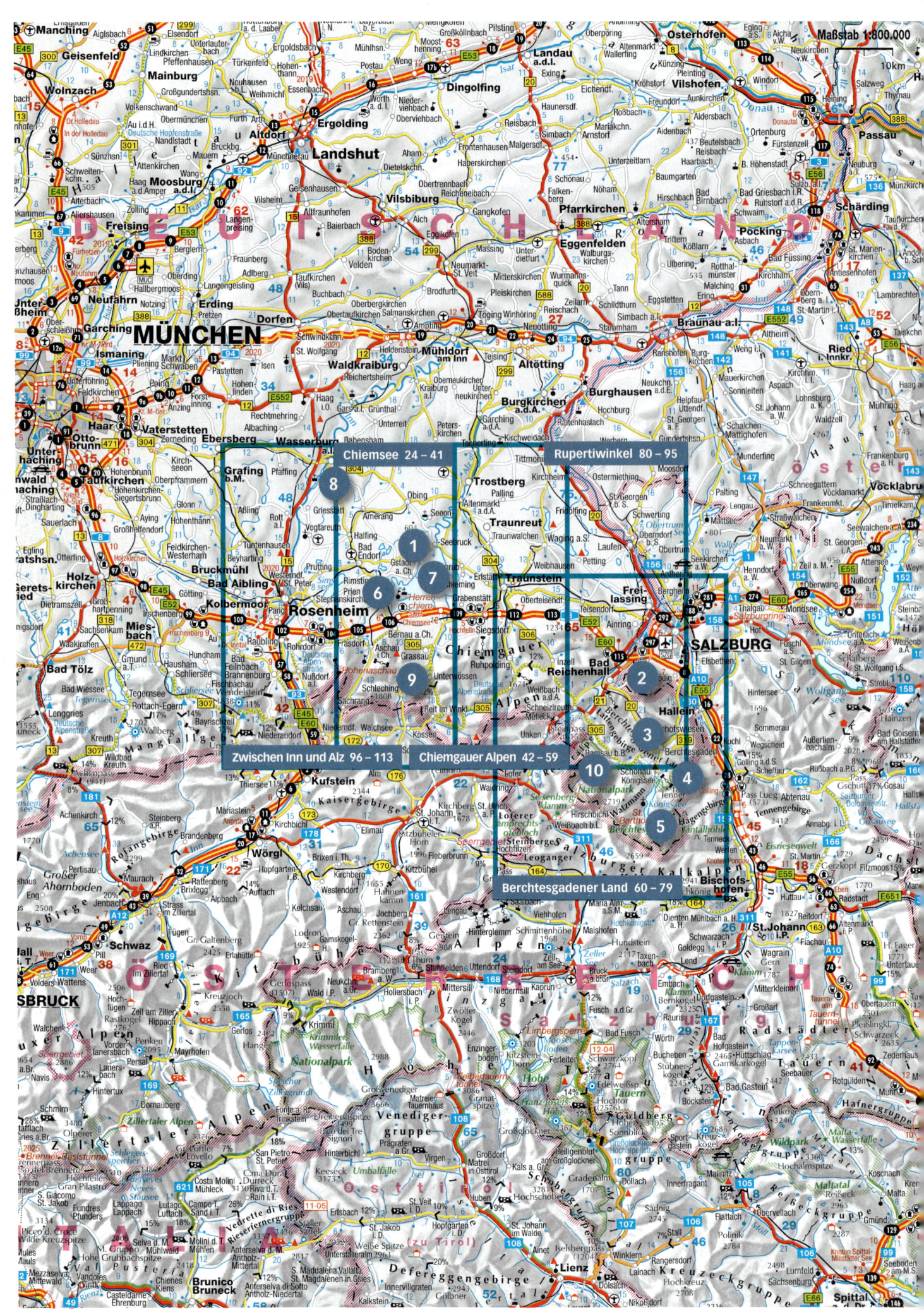

Topziele

Die bedeutendsten Sehenswürdigkeiten der Region und Ereignisse, die keinesfalls versäumt werden sollten, sind auf dieser Seite zusammengestellt und auf den Infoseiten jeweils als **TOPZIEL** *gekennzeichnet.*

ERLEBEN

1 Dampferschifffahrt auf dem Chiemsee: Am stilvollsten mit dem historischen Schaufelraddampfer „Ludwig Fessler". **Seite 39**

2 Salz in Bad Reichenhall: Mit Gradierhaus, dem größten Freiluftinhalatorium der Welt aus Schwarzdornbüschen, und der Alten Saline. **Seite 77**

3 Salzbergwerk Berchtesgaden: Besuch der weitverzweigten unterirdischen Bergwelt mit See unter Tage und Salzheilstollen. **Seite 78**

4 Bootsfahrt über den Königssee: Natürlich mit Echo und Halt in St. Bartholomä. **Seite 78**

5 Almabtrieb: Geschmückt kommen die Kühe im Herbst nach einem gut verlaufenen Sommer in der Höhe von den Almen zurück. Über den Königssee fahren sie sogar mit dem Schiff. **Seite 79**

KULTUR

6 Schloss Herrenchiemsee: Das Prunkschloss Ludwigs II. ist Versailles nachempfunden und besonders eindrucksvoll bei Schlosskonzerten. **Seite 40**

7 Frauenchiemsee: Am schönsten ist die Insel zum Weihnachtsmarkt oder im Sommer bei einem Malkurs im Kloster. **Seite 40**

8 Wasserburg: Ein geschlossenes Altstadtensemble in Inn-Salzach-Architektur, das auf einer vom Inn fast vollständig umflossenen Halbinsel liegt. **Seite 111**

NATUR

9 Bergtour mit einheimischen Bäuerinnen auf die Kampenwand: Der beste Panoramablick auf Chiemsee und Chiemgau. **Seite 57**

10 Wandern im Nationalpark: Berchtesgaden besitzt mit dem Watzmann Deutschlands einzigen Hochgebirgs-Nationalpark. **Seite 79**

Abgehoben:
Berge und Meer

Im Selbstverständnis der Einheimischen ist der
Chiemsee schon seit jeher das Bayerische Meer.
Erst aus der Vogelperspektive lässt sich das
wirkliche Ausmaß von Bayerns größtem See
ermessen. Hier will jeder gerne mal in die Luft
gehen, um die Landschaft alsbald zu einem groß-
artigen Panorama aus Wasser, Inseln und Bergen
verschmelzen zu sehen. Es geht hinweg über
die Ortschaft Breitbrunn und Herrenchiemsee
in Richtung Süden, wo sich in der Ferne bereits
die Felswände der Kampenwand erheben.

Gipfelstürmer:
Steigen und schweigen

Der Watzmann gilt seit jeher als ein Schick-salsberg. Geradezu magisch hinauf zieht es die Bergsteiger nicht erst, seit der Liedermacher Wolfgang Ambros den Ruf des legendären Königs der Königsseeregion erklingen ließ. Jedes Jahr kommen Tausende Wanderer und Kletterer in die Region. Besonders mentale und physische Kondition ist gefragt, will man es bis zur Watzmann-Mittelspitze auf 2713 Meter schaffen. In der Gipfeleupho-rie unterschätzt manch einer, dass er auch noch einen langen Abstieg vor sich hat.

Endlich: Zeit für Freunde

Was für ein Spektakel, wenn an lauen Sommer-
abenden die Leute Biertische und -bänke in
den Chiemsee stellen oder ihre Liegestühle am
langen Strand bei Übersee ausrichten. Und das
alles nur, um bei einem kühlen Bierchen oder
einem coolen Cocktail darauf zu warten, dass
die Sonne eindrucksvoll im See versinkt. In der
„Sundownerbar" am kleinen Sandstrand des
Chiemgauhofs lässt sich dabei auch noch ganz
wunderbar entspannen. Denn dann ist endlich
Feierabend und Zeit, Freunde zu treffen.

Familienbande: Steinerne Sühne

Hier in Maria Gern bei Berchtesgaden sieht man sie besonders schön, die Watzmann-Familie. Schenkt man der Legende Glauben, soll der König Watzmann einst ein barbarischer Herrscher gewesen sein. Als er eine unschuldige Hirtenfamilie grausam niedermetzeln ließ, waren es die Götter leid und versteinerten den brutalen Despoten samt seiner Frau und den sieben Kindern. Und so kann man sie als Bergpanorama heute noch sehen: die Watzmann-Frau, die Kinder und den Watzmann-König (von links).

Das Maximum:
Dialog mit der Gegenwartskunst

Reduktion lautet die Maxime dieses außerge-
wöhnlichen Kunstmuseums in Traunreuth. Zu
verdanken hat der kleine Ort diese großartige
Sammlung deutscher und amerikanischer
Künstler dem Galeristen Heiner Friedrich, der in
der ehemaligen Fabrikhalle seines Vaters 2011
„Das Maximum" eröffnete. Gezeigt werden
Werke der Popart und des Minimalismus. Zu
letzterem gehören auch die Gemälde „Fishing
Blue" und „Fishing Yellow" von Imi Knoebel, auf
denen farbige Aluminiumstäbe wie bei einem
Mikadospiel drapiert sind.

Heimkehr:
Almabtrieb am Königssee

Anfang Oktober wird es für die Almkühe Zeit, vor dem nahenden Winter in die heimischen Ställe zurückzukehren. Sogar eine Bootsfahrt über den Königssee haben diese Kühe von der Saletalm schon hinter sich, wenn sie zu Hause im Rennerlehen ankommen. Ist der Sommer auf der Alm für Mensch und Tier glücklich verlaufen, werden die Kühe aufwendig mit „Fuikln" geschmückt. Bis diese Blumenkunstwerke aus bunten Holzspänen fertig sind, muss so manche Sennerin ein paar Nachtschichten einlegen.

Seeidyll: Am Ende des Tages

Mit den letzten Sonnenstrahlen hat auch die letzte Fähre mit Tagesbesuchern die sommerliche Fraueninsel verlassen. Dann kehrt Ruhe ein. Die Einheimischen haben längst ihre Boote vertaut und sitzen mit den Übernachtungsgästen bereits bei einer kühlen Maß im Biergarten, wo man vom Westufer aus die malerische kleine Krautinsel ganz besonders gut sehen kann. Die einzigartigen Lichtstimmungen am See haben schon seit jeher auch immer wieder Künstler in ihren Bann gezogen.

Oftmals über den Wolken

Hüttenzauber

Kleine Alm- und Berghütten gehören unverwechselbar zur Kulturlandschaft der Alpen. Nach manch steilem Aufstieg auf den Berggipfel wird man mit einer grandiosen Aussicht und einer leckeren Brotzeit belohnt. Da ist es wunderbar, wenn man hier oben auch gleich noch übernachten kann.

1 Purtschellerhaus (1692 m)

Eine Hütte – zwei Länder. Durch die Hütte auf dem Hohen Göll verläuft die Staatsgrenze zwischen dem Salzburger Land und Bayern. Besonders mit Ende des Zweiten Weltkriegs hatte dies große Bedeutung, da kein Grenzverkehr gestattet war und sich Getrennte nur hier legal treffen konnten. Die Hütte hat das Umweltgütesiegel des DAV.

15 Betten und 50 Lager.
Mitte Mai–Mitte Okt.
Aufstieg: vom Ahornkaser etwa 1 Std.
www.purtschellerhaus.eu

2 Blaueishütte (1680 m)

Die Blaueishütte liegt am Fuß des Blaueisgletschers, des nördlichsten Gletschers der Alpen und ist ein idealer Ausgangspunkt für Kletter- und Bergtouren im Hochkaltergebiet. Die Hütte ist mit dem Umweltgütesiegel des Deutschen Alpenvereins ausgezeichnet.

20 Betten und 64 Lager.
Mitte Mai–Mitte Okt.
Aufstieg: vom Hintersee in der Ramsau 2,5–3 Std.
www.blaueishuette.de

3 Reichenhaller Haus (1750 m)

Wird auch oft Staufenhaus genannt und ist das höchstgelegene Haus in den Chiemgauer Alpen. Es liegt nur wenige Meter unterhalb des Hochstaufen mit weiter Aussicht über den Chiemsee bis nach Salzburg. Ein besonderes Erlebnis ist hier oben der Sonnenuntergang.

26 Schlafplätze.
Anf. Mai–Mitte Okt.
Aufstieg: von Bad Reichenhall, Padinger Alm 3–4 Std.
www.dav-badreichenhall.de/huetten/staufenhaus

4 Gotzenalm (1685m)

Auf der Gotzenalm ist man hoch oben über dem Königssee mit einem atemberaubenden Blick hinunter zum See mit St. Bartholomä und der steil aufragenden Watzmannostwand gegenüber.

45 Lager, 5 Sechsbett-, 5 Vierbett- und 2 Zweibettzimmer.
Ende Mai–Mitte Okt.
Verschiedene Aufstiege vom Königssee 3–4 Std.
www.gotzenalm.de

5 Piesenhausener Hochalm (1360 m)

Die Alm liegt im Hochplattengebiet Chiemgau mit herrlichem Blick auf Großvenediger, Großglockner, Kampenwand und das Kaisergebirge. Der Sonnenaufgang ist ein Erlebnis. Auf der Alm werden 4 Milchkühe, Jungvieh und Schweine gehalten.

Schlaflager für 20 Pers. Teilanfahrt mit der Hochplattenbahn von Marquartstein, danach 1 Std. Fußweg
www.naderbauer.de/Naderbauer/Piesen hausener_Hochalm.html

6 Hochgernhaus (1461m)

Das Hochgernhaus ist ein privates Berghaus unterhalb des Hochgerngipfels. Auf den Wiesen leben Murmeltiere, und es gibt einen phantastischen Ausblick auf die Kampenwand, die Loferer Steinberge, den Wilden Kaiser, den Großglockner, den Großvenediger und die gesamte Hohen Tauern.

Ganzjährig 1 Vierbett-, 3 Dreibett-, 1 Doppelzimmer und 20 Lager.
Aufstieg: von Ruhpolding 3,5–4 Std.
www.hochgernhaus.de

7 Wasseralm (1423 m)

Die Wasseralm ist eine kleine, besonders urige Hütte hoch über dem Königssee. Sie liegt in der Röth im Steinernen Meer und ist als Schutzhütte zwischen Gotzenalm und Kärlingerhaus konzipiert. Die markanten Teufelshörner sowie der Funtenseetauern überragen das Gebiet.

40 Matratzenlager.
Anf. Juni–Anf. Okt.;
Winterraum ganzj.
Aufstieg: von Königssee/ Salet etwa 3 Std.
www.dav-berchtesgaden.de/ huetten-41/wasseralm.html

8 Toni-Lenz-Hütte (1450 m)

Die Toni Lenz Hütte hat von der Sonnenterasse einen herrlichen Ausblick auf das Panorama der Alpen. Die Hütte liegt auf der südöstlichen Seite am Untersberg. Nur 20 Gehminuten entfernt befindet sich die Schellenberger Eishöhle.

8 Bettenlager.
Mitte Mai–Ende Okt.
Aufstieg: von Marktschellenberg etwa 3 Std.
www.toni-lenz-huette.de

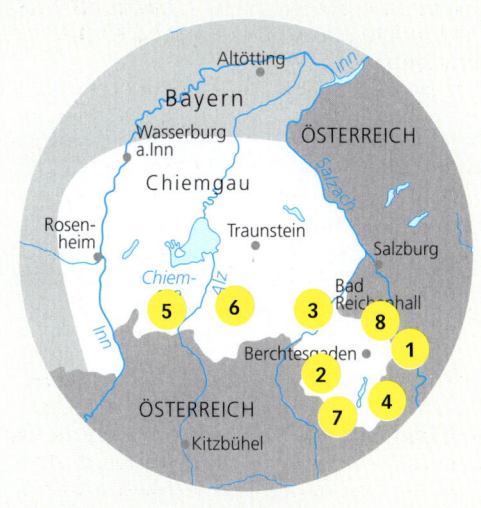

Am Bayerischen Meer

Dcr Chicmsee ist Bayerns größter See und im Selbstverständnis der Chiemgauer sogar ein Meer – das bayerische eben. Nicht nur Badegäste und Wassersportler lockt das Gewässer jedes Jahr an seine Ufer. Seit jeher ließen sich auch Maler, Schriftsteller und Könige in seinen Bann ziehen und ebenso von der Frauen- und der Herreninsel faszinieren.

Zum Sonnenuntergang zieht es in die Beach Bar des Strandbades Übersee an der Feldwieser Julius-Exter-Promenade

Kindheitsträume haben meist etwas Unwirkliches. Sich im Königsschloss verstecken zum Beispiel, um dann die Nacht heimlich im goldenen Prunkbett zu verbringen und morgens vom Tischlein-deck-dich zu schlemmen. Dass vielen Besuchern so etwas in den Sinn kommt, wenn sie durch die königlichen Gemächer von Herrenchiemsee streifen, wen wundert das, schließlich ist die Kulisse so irreal wie bombastisch: Ein fast 100 Meter langer Spiegelsaal, in dessen 17 Spiegeln sich das Licht von 1848 Kerzen auf 44 Kandelabern und 33 Lüstern widerspiegelt. Ein Paradeschlafzimmer mit golddurchwirkten Brokatvorhängen, an denen mehr als 20 Stickerinnen sieben Jahre lang gearbeitet haben, obwohl nie jemand darin schlafen sollte. Ein Tischlein-deck-dich mit unsichtbarer Mechanik, damit der König seine Mahlzeiten ohne den unschönen Anblick servierender Bediensteter einnehmen konnte. All das sind Räume wie aus einem Märchen. Hier möchte so mancher einmal allein verweilen dürfen.

Für die Bäuerin Anna Meier ist dieser Traum in Erfüllung gegangen. „Einmal leben" heißt der Film, in dem die Chiemgauer Volksschauspielerin Kathi Leitner sich als Bäuerin Anna diesen Traum erfüllt. Kathi Leitner kann sich noch gut an die Dreharbeiten im Schloss erinnern

„Ein ewig Rätsel will ich bleiben, mir und anderen."

und das nicht nur, weil sie für diese Rolle den Bayerischen Fernsehpreis bekommen hat. „Des hamma dem Visconti seinerzeit ned erlaubt", soll der Schlossaufseher, der auch Viscontis Filmdreh zu „Ludwig II." auf Herrenchiemsee überwacht hatte, immer wieder aufgeregt wiederholt haben. Gemeint waren Szenen, in der eine nachtblaue Glaskugel vor Ludwigs Königsbett mit Licht zum Leuchten gebracht wurde oder Kathi

An barocker Prachtentfaltung
sollte es nicht fehlen im und
um Schloss Herrenchiemsee:
Prunktreppenhaus im Südflügel
(links oben), Königliches
Schlafzimmer (links Mitte),
Fortunabrunnen vor dem Schloss
(links unten) und der gern als
Konzertraum genutzte Spiegelsaal
(rechts oben). Manche Besucher
fahren lieber mit der Kutsche,
um vom Schiff zum Schloss
zu gelangen (rechts unten)

Zwischen den Booten am Gstadter Ufer des Chiemsees dümpelt eine einsame Chiemseeplätte. Dahinter zeigen sich im warmen Abendlicht die Fraueninsel und die Chiemgauer Alpen

Am Abend kommen die Übernachtungsgäste der Fraueninsel
im „Gasthof Zur Linde" zusammen

Leitner mit Filmpartner Elmar Wepper
durch den großen Spiegelsaal tanzte. Die
wirkliche Übernachtung im Königsbett
und das Tafeln vom Tischlein-deck-dich
mussten allerdings im Studio nachge-
stellt werden. „Sonst wär' uns der Schlossaufseher vor Schreck noch glatt tot um-
gefallen", sagt Leitner und lacht.

Der einsame Mondkönig

Lachen erfüllte zu Königszeiten eher selten
die herrschaftlichen Räume von Herrenchiemsee. Nur wenige Tage soll der Re-
gent kurz vor seinem mysteriösen Tod
hier logiert haben. Die Bauarbeiten waren
wegen hoher Schulden gestoppt und
Ludwig entmündigt worden. Fürchtete

die bayerische Regierung doch, die finan-
ziellen Eskapaden ihres weltfremden
Königs könnten alsbald auch die eigene
Machtbasis gefährden. Zu diesem Zeit-
punkt hatte das noch immer unvoll-
endete Schloss schon mehr Geld ver-
schlungen als Neuschwanstein und
Linderhof zusammen. Herrenchiemsee
sollte schließlich nicht nur eine Kopie
von Versailles werden. Ludwig wollte
dem von ihm grenzenlos verehrten
Sonnenkönig Ludwig XIV. ein Denkmal
setzen und ihn als Baumeister sogar
noch übertreffen. „Ein ewig Rätsel will
ich bleiben, mir und anderen", hatte
Ludwig einst seiner Erzieherin geschrieben, und dies Rätselhafte fasziniert die

Menschen am Märchenkönig bis heute.
So kommt es, dass Besucher bei Nacht-
wanderungen über die Herreninsel geis-
tern, um dem einst nachtaktiven König
nachzuspüren. Denn sobald alle schliefen,
pflegte der zu Wagner-Klängen durch
sein Schloss oder im Dunkeln über die
Insel zu wandeln, weshalb ihn seine
Zeitgenossen auch Mondkönig nannten.

Doch was stört es den See, wenn ein
königlicher Inselbesitzer kuriosen Ideen
folgt. Schließlich ist der Chiemsee mit
einer Fläche von gut 80 Quadratkilo-
metern Bayerns größtes Binnengewässer
und im Selbstverständnis der Chiemgauer ohnehin schon das Bayerische
Meer. Hinter den südlichen Ufern steigt

An fast 1250 Jahre kontemplatives
Leben erinnern die Klosterbauten
auf Frauenchiemsee (oben)

Mitbringsel warten bei der Inseltöpferei
Klampfleuthner auf Interessenten
(links), Brotzeiten im Biergarten des
„Bräustüberl" der Inselbrauerei (rechts)

„Keramik im Bootshaus" vereint Werkstatt und Galerie unter einem Fraueninsel-Dach

Aus der Luft zeigt sich die Fraueninsel dicht bebaut. Klein, wie sie ist, lässt sie sich in nicht einmal einer halben Stunde bequem zu Fuß umrunden

die Kampenwand unmittelbar aus der Ebene auf, und an klaren Tagen kann man bis ins Kaisergebirge sehen. Wenn am Morgen die ersten weißen Bötchen ihre Segel hissen und lautlos über die funkelnde silberblaue Fläche gleiten, sind die Fischer schon längst wieder daheim. An den Ufern protzen keineswegs neureiche Angebervillen wie am Starnberger See, sondern üben sich vorwiegend Bauerngehöfte mit Geranienbalkonen in angenehmer Zurückhaltung. Das eigentliche Schauspiel bleibt hier ganz der Natur überlassen.

Wenn Brian das Schmuckstück der Chiemseeschifffahrt, den 1926 gebauten Schaufelraddampfer „Ludwig Fessler",

mit Dixielandmusik über den See pflügen sieht, fühlt sich der gebürtige Amerikaner fast wie Zuhause in New Orleans. „Der Chiemsee ist meine zweite Heimat", sagt Brian, der hier bei seiner deutschen Großmutter regelmäßig die Semesterferien verbringt und gerade mit einem Stand-Up-Paddle übers spiegelglatte Wasser geglitten kommt. Gleich geht es mit Freunden zur „Fischhütt'n" nach Prien auf einen Steckerlfisch und eine halbe Bier. Morgen will er abends zum Sundowner in die Beachbar nach Übersee. Es ist schon ein Spektakel, wenn alle hier ihre Liegestühle am langen Strand ausrichten und mit ihren Cocktails warten, dass die Sonne untergeht. Dann

werden Selfis geknipst ohne Ende und übers Smartphone in ein paar Sekunden um die Welt gemailt.

Reizvoller Künstlertreff

Die einzigartige Lichtstimmung am See hat seit jeher auch viele Künstler in den Bann gezogen. Nachdem Ludwig I. München als Kunststadt etabliert hatte, kamen bereits in der ersten Hälfte des 19. Jahrhunderts immer mehr Maler von der Hauptstadt aufs Land, um die nähere Umgebung zu erkunden. Waren früher in freier Natur allenfalls Skizzen angefertigt worden, rückte nun die „Freilichtmalerei" ins Zentrum des künstlerischen Interesses. Für die Landschaftsmaler, die

Gern wird im Chiemgau die
traditionelle Tracht gezeigt – vor
allem, wenn dazu der goldglänzende
Priener Hut getragen werden kann.
Schwarzer Filz aus Hasenhaar,
handgestickte goldene Borte
und goldene Quasten zeichnen
diese Kopfbedeckung aus

Der Chiemsee ist natürlich ein
beliebtes Segelrevier, aber
auch Radler umrunden ihn gern
auf dem herrlichen Uferweg
– wie hier in Breitbrunn

Ein vielgeliebtes und aufwendig gepflegtes Stück Seevergangenheit:
Chiemseeplätten bei einer Regatta

Special

Naturschutz

Wie am Amazonas

Das Achendelta ist die Mündungszone der Tiroler Achen in den Chiemsee und eines der am besten ausgebildeten Binnendeltas Mitteleuropas.
Ein Labyrinth aus Haupt-, Seitenarmen, verzweigten Schlamm- und Kiesbänken umspült üppigen Baumbestand. So ungezähmt wie am Amazonas mündet die Tiroler Achen in den Chiemsee und zerfließt dabei zu einem der imposantesten Binnendeltas in Mitteleuropa. Es ist ein Werden und Vergehen zugleich, denn die Tiroler Achen ist nicht nur der größte Zufluss des Sees, sondern führt auch jedes Jahr mehr als 200 000 Kubikmeter Sand und Kies mit sich. Wegen seiner seltenen Vogel- und Pflanzenarten gilt für die Kernzone des seit 1956 unter Naturschutz stehenden Achendeltas sogar: Zutritt verboten! Für Naturinteressierte ragen jedoch zwei Beobachtungstürme auf. So ist es möglich, die Westseite des

Das Delta der Tiroler Achen

Deltas von Übersee-Lachsgang und die Ostseite von der Hirschauer Bucht her zu beobachten. Bis an den Rand der Achen-Mündung werden Bootsfahrten geduldet und angeboten. Weil das etwa fünf Quadratkilometer große Delta jährlich um etwa einen Hektar wächst, bleiben dem See bei einer aktuellen Fläche von 8000 Hektar noch etwa 8000 Jahre bis zur vollständigen Verlandung. Höchste Zeit also, endlich dort hinzufahren!

sich mit Staffelei und Malutensilien ausgerüstet, draußen auf Motivsuche machten, war der Chiemsee eine großartige Inspirationsquelle. Schon 1828 hatte der Landschaftsmaler Maximilian Haushofer die Fraueninsel für sich entdeckt und Künstlerfreunden begeistert von ihrer Schönheit und Ursprünglichkeit berichtet. So folgten ihm alsbald Wilhelm Leibl, Hermann Kaulbach und später Karl Raupp und Joseph Wopfner. Rasch avancierte die Fraueninsel zu einer weithin gerühmten Künstlerkolonie.

In leerstehenden Klosterräumen richteten die Maler Ateliers ein, und im Gasthof „Zur Linde" fanden sie ein rustikales Quartier. Noch heute erinnert hier ein Stammtisch an die Künstlertreffen. Die Bildmotive reichten anfangs von bei Sturm anlandenden Heuschiffen bis zu lieblichen Bauernhochzeiten und frommen Fronleichnamsprozessionen. Auf die Naturalisten und Impressionisten folgten später Julius Exter, der vor allem wegen seines expressionistischen Spätwerks als der Farbenfürst vom Chiemsee galt.

Sehnsuchtsort für viele
Wenn die letzten Boote mit den Tagesgästen von der Fraueninsel ablegen, wird es still auf der mit knapp 300 Einwohnern kleinsten politischen Gemeinde Bayerns. Etwa ein Drittel der Gesamt-

Am Südufer des Chiemsees
breitet sich das ganze
Panorama der Chiemseer Alpen
aus: Blick von Seebruck

Seebruck ist die Seglerhochburg am
Bayerischen Meer (links). Von Gstadt aus bietet
sich dieser Blick auf die Fraueninsel (rechts)

Das Seebrucker Hotel „Wassermann" verspricht nicht nur marine Erlebnisse,
sondern serviert auch erfolgreich die Schmankerl der Region

Warten auf Ausflugsgäste: Chiemseeflotte in Gstadt

fläche nimmt die Abtei Frauenwörth ein. Noch bis in die 1990er-Jahre betrieben die Benediktinerinnen hier eine Mädchenschule mit Internat. Doch dann waren sie als Erzieherinnen nicht mehr gefragt. Es blieb zwar noch der Verkauf klostereigener Produkte aus der Marzipanbäckerei, der Likörkellerei und dem Klostergarten, doch das alleine reichte nicht.

Heute ist Frauenwörth ein gefragtes Seminar- und Tagungszentrum. Die Angebotspalette beschränkt sich nicht nur auf die üblichen Schweigetage im Kloster. Externe Dozenten bieten sogar Aquarellieren an. Eine schöne Analogie zu den Chiemseemalern, die hier im Kloster einst ihre Ateliers hatten. Bisweilen kann man deshalb Sommerfrischler an Staffeleien beobachten, wie sie versuchen, die besondere Lichtstimmung des Sees aufs Papier zu bannen.

Aller Anfang ist schwer

Glaubt man den Anekdoten, tat sich die Landbevölkerung anfangs recht schwer mit den Gepflogenheiten der Kunstschaffenden. So wurde erzählt, man habe gesehen, wie sich schamlose Weiber ganz nackt malen ließen.

Nackte Brüste führten seinerzeit schnell zu großer öffentlicher Entrüstung. Und der Vorfall, dass dem Friedensengel von Prien noch vor der festlichen Enthüllung eine entblößte Brust weggefeilt worden war, brachte den Prienern den saftigen Spitznamen „Duttenfeiler" ein. Aufgeschrieben hat solche kuriosen Episoden Ludwig Thoma, der in Prien zur Schule ging und dessen „Lausbubengeschichten" später sein populärstes Werk wurde. Über den Chiemsee schwärmte Thoma: „Wenn ich die Augen schließe und – sei es wo immer – Wasser an Schiffsplanken plätschern höre, erwacht in mir die Erinnerung an die Jugendzeit, an Stunden, die ich im Kahn verträumte, den See rundum und den Himmel über mir." Und ruhig blieb es auf dem See bis heute, denn Sportmotorboote sind keine zugelassen.

CHIEMSEEFISCHEREI

Der Fischer vom See

Wer einem Berufsfischer bei seiner harten, aber noch immer ertragreichen Arbeit zusehen will, muss früh aufstehen. Hauptsächlich Renken gehen ins Netz. Sie sind die Brotfische des Chiemsees und werden in fast allen Gaststätten angeboten.

Die Fischer Thomas und Florian Lex von der Fraueninsel beim Einholen ihrer Netze

Das sichere Gespür für den Fisch hat Thomas Lex noch nie verlassen. Der Fischer vom Chiemsee kennt das heimische Gewässer ganz genau, jede Strömung, jede Bucht, bei jedem Wetter. Noch gestern Abend hat er seine Netze umgesetzt, weil sich die Renken wegen des Regens längst zu anderen Plätzen aufgemacht hatten. Heute morgen kurz nach sechs Uhr früh will er sich auf den Weg machen, um nachzusehen, ob die Taktik vom Vortag aufgegangen ist.

Das Fischen ist ein schweigsamer Beruf, und Vater und Sohn sind ein gut eingespieltes Team. Wortlos und zügig haben die beiden ein paar Plastikkisten mit Eis und neue Netze im Kahn verladen. Dann fahren sie auch schon hinüber Richtung Achen-Delta. Heute ist „Kaiserwetter", der Himmel stahlblau ohne ein Wölkchen und der See spiegelglatt. Die Gischt spritzt, und der Kahn wird erst langsamer, als die ersten Bojen im Wasser auftauchen. Für den Renkenfang haben die Fischer auf dem See freie Wahl. Nummerierte Bojen zeigen an, welcher Fischer gerade welchen Fanggrund beansprucht. Dort heißt es für die Kollegen dann Abstand halten.

Des einen Freud, des anderen Leid

Am Chiemsee hat die Fischerei eine lange Tradition. Auf der Fraueninsel leben schon Fischer seit mehr als 400 Jahren. Familie Lex betreibt hier seit 1857 in siebter Generation ihr Geschäft, und der Sohn hat die Ausbildung zum Fischer bereits abgeschlossen. „Selbstverständlich ist das nicht. Viele Junge zieht es lieber in die Stadt," sagt Thomas Lex. Denn die Fraueninsel ist ein Mikrokosmos.

Doch er ist glücklich, dass er einer von 17 Berufsfischern am Chiemsee ist, die von ihrer Arbeit noch leben können. Dabei fürchtet so mancher um seine Existenz, denn die Renken wachsen nicht mehr schnell genug. Das habe man auch schon am Bodensee beobachtet, sagt Lex. Das Kuriose: Der Chiemsee hat mittlerweile Trinkwasserqualität, ist so sauber, dass für die Fische die Nährstoffe fehlen.

Und dann auch noch das: Kaum hat Thomas Lex gekonnt das Netz eingeholt und die ersten Renken aus den Maschen genommen, kann er an den Fischen Bissspuren erkennen. „Kormorane", sagt er knapp und schweigt. Doch dann: Die Vögel

Zufrieden in der frühen
Morgensonne: die Fischer
auf dem Weg von der Insel
Frauenchiemsee zu ihren Netzen
(links), wo der erste Renkenfang
des Tages auf sie wartet (rechts)

Informationen

....

Fischräucherei Thomas Lex, Haus 31,
Frauenchiemsee, Tel. 08054 479,
www.chiemseefischerei-lex.de

**Auskunft über die Fischerei-
betriebe** am Chiemsee und
Informationen für Sportangler
gibt die Fischerei-Genossenschaft
(www.chiemseefischerei.de)

nähmen im Naturschutzgebiet des
Achen-Deltas überhand. Zwischen
Fischern und Vogelschützern gibt es
deshalb seit Jahren heftigen Streit,
weil die Kormorane bis zu 40 Tonnen
Jungfische pro Jahr fressen – und das,
wo jedes Jahr allein bei den Renken
zwischen 50 und 100 Millionen Jung-
fische im Wert von einer halben
Million Euro eingesetzt werden.
Schließlich machen die Renken weit
mehr als die Hälfte des Bestands im
Chiemsee aus, neben Barsch, Brachse,
Hecht, Aal, Wels und Zander.

Ladenverkauf für Tagesgäste

Während die Fischer früher hauptsächlich für Adel und Klöster fischen

mussten, pachtet heute die Fischerei-
Genossenschaft den See vom Bayerischen Freistaat. So können die
Fischer ihren Fang verkaufen, an wen
sie wollen. Thomas Lex beliefert vorwiegend die örtliche Gastronomie, die
allerdings auch Exotisches anbietet.
„Ein Zander aus russischer Zucht
oder ein Pangasius aus Vietnam muss
eingeflogen werden und ist im Ein-
kauf oft so günstig zu haben wie unsere heimische Renke", klagt Lex.

In sein kleines Ladengeschäft
kommen vor allem Tagesbesucher,
die goldglänzende geräucherte Renke
oder gebeizte Filets nach Matjes-Art
kaufen. Beliebt sind Semmeln mit
frisch geräuchertem Renkenfilet.

Am größten See Bayerns

Die ersten, die sich von der Region rund um den bayerischen Chiemsee angezogen fühlten, waren Nonnen und Mönche. Im 7. Jahrhundert herrschte noch strikte Geschlechtertrennung auf den Inseln – man lebte auf Frauen- oder auf Herrenchiemsee. Die Benediktinerinnen bewohnen das Kloster noch heute, ihnen folgten viele Künstler und Sommerfrischler.

❶ Prien am Chiemsee

Hauptort und größte Gemeinde direkt am See ist das auf das 12. Jh. zurückgehende Prien (10 000 Einw.). Tourismus setzte nach dem Tod Ludwigs II. ein, als Schloss Herrenchiemsee ab 1886 öffentlich zugänglich wurde. Der Luft- und Kneippkurort mit seinen vielen Fassaden-malereien zählt zu den wichtigsten Anlauf-stellen für Besucher von Frauen- und Herren-chiemsee.

SEHENSWERT
Die barocke **Pfarrkirche Mariä Himmelfahrt** (1738) ist für ihre prächtigen Deckengemälde von Johann Baptist Zimmermann bekannt.

MUSEEN
Das **Heimatmuseum** beherbergt Sammlun-gen zur Geschichte und Volkskunde des west-lichen Chiemgaus (Valdagnoplatz 2, Tel. 08051 69 05 13; April–Okt. Mi.–Sa. 10.00–12.00 und 14.00–17.00 Uhr).
Die **Galerie im Alten Rathaus** widmet sich den Chiemseemalern und Künstlern des 19. und 20. Jh. (Alte Rathausstraße 22, Tel. 08051 9 29 28 www.galerie-prien.de; Di.–So. 14.00 bis 17.00 Uhr).

Die Chiemsee-Bahn fährt seit 1887 zur Anlege-stelle in Prien-Stock (links). Das Heimatmuseum Priens schmücken Fassadenmalereien (rechts)

EINKAUFEN
Bei Hut Brunhuber wurde der **Priener Hut** erfunden und wird dort bis heute handgefertigt (Seestraße 2, www.hut-brunhuber.de).

HOTEL UND RESTAURANT
Das **€€€ Yachthotel Chiemsee** in exponierter Seelage mit 100 Zimmern besitzt einen eigenen Badestrand, Hallenbad und Sauna (Harrasser Straße 49, 83209 Prien am Chiemsee, Tel. 08051 69 60, www.yachthotel.de).
Das **€€€€ Restaurant Rehmann** bietet Landhaus-Atmosphäre und regionale Speisen (Bernauer Straße 40, Tel. 08051 961 42 55, www.restaurant-rehmann.de).

AKTIVITÄTEN
Die Fahrt mit der letzten **Dampfstraßenbahn** der Welt aus dem Jahr 1887 führt vom Bahnhof zur Schiffsanlegestelle Prien-Stock (2 km; Mitte Mai–Mitte Sept.).
Die Flotte der Chiemsee-Schifffahrt Ludwig Feßler besteht aus 14 Schiffen und bietet neben dem ganzjährigen **Linienverkehr** TOPZIEL auch **Sonder- und Themenfahrten** an (www.chiemsee-schifffahrt.de).
Den **Spuren von Ludwig Thoma** und seinen „Lausbubengeschichten" folgt ein Stadtspazier-gang (Termine über www.tourismus.prien.de). Für Chiemsee-Umrundungen: **Chiemsee Rundweg** (57 km) für Erholungsuchende und Radwanderer und **Chiemsee-Radweg** (53 km) für sportliche Radfahrer und E-Biker. Auf dem Tourenportal (www.chiemsee-alpenland.de) kann man sich die „ChiemseeAlpenApp" aufs Smartphone laden; dann sind Streckenan-gaben, Ladestationen, Einkehrmöglichkeiten auch bei schlechter Netzabdeckung verfügbar.

INFORMATION
Tourismusbüro, Alte Rathausstraße 11, 83209 Prien am Chiemsee, Tel. 08051 69 05 0, www.tourismus.prien.de

❷ Herrenchiemsee

Herrenchiemsee, auch Herreninsel genannt, ist mit ca. 240 ha die größte Chiemseeinsel. Hauptattraktion ist Schloss Herrenchiemsee (Neues Schloss), das Versailles nachempfun-den wurde. Wegen zu hoher Baukosten blieb die Schlossanlage nach dem Tod König Ludwigs II. (1845–1886) unvollendet. Auf der Insel befindet sich neben einer großen Parkan-lage auch das ehem. Augustiner-Chorherrenstift

---

Tipp

Nachts zum Mondkönig

Ludwig II. machte im fortgeschrittenen Alter gern die Nacht zum Tag. Gefrüh-stückt hat er am Abend, Dinner gab es in der Nacht und gegen Morgen ging der Monarch dann meist zu Bett. Auf einer zweieinhalbstündigen Vollmond-Wanderung über die nachts menschen-leere Herreninsel erfahren Besucher mehr über den „Mondkönig", der gern zu Klängen von Richard Wagner im Dunkeln durchs Schloss und über seine Insel geisterte.

Termine und Anmeldung beim Priener Tourismusbüro

stift (Altes Schloss), bereits 765 von Benediktinermönchen gegründet. Vom Anleger bis zum Neuen Schloss sind es etwa 15 Min. Fußweg, der sich durch eine Kutschfahrt verkürzen lässt.

SEHENSWERT

Zu den wichtigsten Räumen im **Neuen Schloss** TOPZIEL gehören das Paradeschlafzimmer, das zu den teuersten Räumen des 19. Jh. zählt, aber nie zum Übernachten gedacht war, das eigentliche Schlafzimmer, der Spiegelsaal, das Prunktreppenhaus, das Tischlein-deck-dich und eine Badewanne mit einem Fassungsvermögen von 60 000 Liter. Die Schlossbesichtigung ist nur im Rahmen einer Führung möglich (www.herrenchiemsee.de; April–Ende Okt. tgl. 9.00–18.00, sonst tgl. 9.40–16.15 Uhr).

MUSEEN

Das **König Ludwig II. Museum** im Neuen Schloss widmet sich den Lebensstationen des Monarchen (Zeiten wie Neues Schloss). Das **Museum im Augustiner-Chorherrenstift** (Altes Schloss) zeigt die Privaträume Ludwigs II., von denen er den Bau seines Neubaus beaufsichtigte, das ehemalige Speisezimmer, in dem 1948 die Verfassung der Bundesrepublik Deutschland vorbereitet wurde, den barocken Bibliothekssaal von Johann Baptist Zimmermann (1739) und die Barocksäle Kaiser- und Gartensaal. Außerdem die Galerie der Chiemseemaler (April–Ende Okt. tgl. 9.00–18.00 Uhr, sonst tgl. 10.00–16.45 Uhr) und die Gemäldegalerie Julius Exter (1863–1939; April–Ende Okt. tgl. 9.00–18.00 Uhr).

AKTIVITÄT

Ein **Spazierweg** führt über etwa 7 km auf größtenteils schattigen Wegen um die Insel.

VERANSTALTUNGEN

Bei den **Herrenchiemsee Festspielen** erklingt im Juli klassische Musik im Neuen Schloss (www.herrenchiemsee-festspiele.de).

Blumenpracht am Exter-Kunsthaus in Übersee (links). Frauenchiemseeer Mitbringsel (rechts oben). Sonnenuntergang in der „Beach-Bar" in Übersee (rechts unten)

INFORMATION

Schloss- und Gartenverwaltung, 83209 Herrenchiemsee, Tel. 08051 68 87 0, www.herrenchiemsee.de

③ Frauenchiemsee

Frauenchiemsee, auch Fraueninsel genannt, bildet mit knapp 300 Einw. die kleinste politische Gemeinde Bayerns, ist ca. 12 ha groß und autofrei. Der Inselname verweist auf das älteste Nonnenkloster Deutschlands, in dem ca. 30 Benediktinerinnen leben. Die Insel war eine der frühesten Künstlerkolonien Europas.

SEHENSWERT

Frauenwörth TOPZIEL, das älteste Nonnenkloster Deutschlands, wurde um 770 vom Bayernherzog Tassilo III. gegründet. Das Marienmünster (11./12. Jh.) ist wegen des Grabs der ersten Äbtissin des Klosters Wallfahrtsort; die sel. Irmengard († 866) ist Schutzpatronin des Chiemgaus. Der frei stehende Zwiebelturm ist das Wahrzeichen des Chiemgaus. Die karolingische Torhalle (9. Jh.) ist der älteste vollständig erhaltene Hochbau seiner Zeit in Süddeutschland; gezeigt werden hier wertvolle Wandmalereien und wechselnde Ausstellungen von Chiemseemalern (Informationen auf www.inselgaleriegailer.de). In der Inselmitte spendet ein 1000 Jahre alter Lindenhain Schatten.

VERANSTALTUNGEN

Der **Weihnachtsmarkt** an den ersten beiden Adventswochenenden gilt als einer der romantischsten Christkindlmärkte Bayerns (www.christkindlmarkt-fraueninsel.de).
Zum Saisonende des **Plättensegelns** findet am 3. Okt. der Lindchen-Cup mit ca. 70 Teilnehmern statt (www.linde-frauenchiemsee.de). Sollte es später werden: Nach Dienstschluss der Chiemseeschifffahrt kann man ein **Nachttaxi** ordern (Tel. 0170 205 35 42, www.chiemseeschifffahrt.de).

EINKAUFEN

Im **Klosterladen** verkaufen die Benediktinerinnen u. a. selbst gemachtes, in traditionellen Holzmodeln geformtes Marzipan, Klosterlikör und Lebkuchen (www.frauenwoerth.de/home/klosterladen). Die **Inseltöpferei** führt schöne Dekostücke (www.inseltoepferei.de).

HOTEL UND RESTAURANT

Das 600 Jahre alte Wirtshaus €€ **Hotel Zur Linde** mit regionaler Küche (u. a. Chiemsee-Renke) war einst Treffpunkt der Chiemseemaler; einfache Gästezimmer (Haus 1, 83256 Fraueninsel im Chiemsee, Tel. 08054 9 03 66, www.linde-frauenchiemsee.de).
Im €€ **Inselbräu** werden wieder zwei eigene Biersorten gebraut: Zwickel naturtrüb und ein Weißbier. Brauereibesichtigung nach Vereinbarung (Haus 28, Tel. 08054 90 20 88, www.inselbraeu-frauenchiemsee.de).

INFORMATION

Tourismusbüro, Alte Rathausstraße 11, 83209 Prien am Chiemsee, Tel. 08051 69 05 0, www.tourismus.prien.de

④ Übersee-Feldwies

Urspr. ein Bauerndorf, verfügt Übersee (5000 Einw.) über lange Naturbadestrände, die sich vom Bootshafen über das Strandbad mit großzügiger Parklandschaft erstrecken.

MUSEUM

Ein 400 Jahre altes Bauernhaus mit schönem Blumengarten war Künstlersitz von **Julius Exter** (1863–1939) und Standort von Exters Malschule (www.uebersee.com/exter-kunsthaus; nur im Sommer zu Sonderausstellungen).

VERANSTALTUNGEN

Der **Chiemsee Summer** ist ein überregional bekanntes Open-Air-Festival mit vor allem Reggae, Rock und Elektro (www.chiemseesummer.de; Mitte Aug.).

RESTAURANT

€€ **D'Feldwies** ist ein von Bürgern gerettetes und betriebenes Wirtshaus mit Traditionsküche

---

Tipp

Logieren auf Gutsherrenart

....

Isings Gutshaus war einst die Ziegelei, in der König Ludwig II. die Steine für Schloss Herrenchiemsee fertigen ließ. Heute besteht das familiengeführte Viersterne-Superior Hotel aus acht Gutshäusern, vier Restaurants und großem Wellnessangebot. Bei Pferdefreunden ist die 170 ha große Anlage international bekannt für Spring- und Dressur-Reiterveranstaltungen. Und wer ganz abheben will, kann das vom hauseigenen Heißluftballon-Platz tun.

Gut Ising, Kirchberg 3, 83339 Chieming, Tel. 08667 790, www.gut-ising.de

(Greimelstraße 30, Übersee, Tel. 08642 59 57 15, www.wirtshaus-feldwies.de).

INFORMATION
Tourist-Information, Feldwieser Straße 27, 83236 Übersee, Tel. 08642 295, www.uebersee.com

❺ Chieming

Chieming (4700 Einw.) bestand wohl schon zu Römerzeiten und war namengebend für den Chiemsee, der hier im östlichen Teil durch ein ländliches Ortsbild, seinen 6 km langen Badestand und zahlreiche exklusive Sportangebote wie Segeln, Reiten, Polo, Golf und Heißluftballonfahren geprägt wird.

AKTIVITÄTEN
Angeboten werden **Bootsverleih** und **Segelkurse** (www.segelschule-chieming.de).

VERANSTALTUNGEN
Am letzten Juni-So. findet der **Chiemsee-Triathlon** statt (2 Km Schwimmen, 80 Km Radfahren, 20 Km Laufen; www.chiemsee-triathlon.com). Das **Chiemsee-Pferdefestival** auf Gut Ising mit 300 Spring- und Dressurreitern aus der ganzen Welt zieht in den ersten beiden Sept.-Wochen bis zu 15 000 Besucher an.

RESTAURANT
€€€€ **Usinga** auf Gut Ising ist ein Gourmetstüberl mit regionaler Küche auf höchstem Niveau (Kirchberg 3, 83339 Chieming, Tel. 08667 790, www.gut-ising.de).

INFORMATION
Tourist Information, Hauptstraße 20b, 83339 Chieming, Tel. 08664 98 86 47, www.chieming.de

❻ Seebruck

Entstanden ist Seebruck (1000 Einw.) aus der römischen Siedlung Bedaium, die ab 50 n. Chr. als Stützpunkt auf der Fernreiseroute von Salzburg nach Augsburg diente. Der Jachthafen gehört mit 500 Liegeplätzen zu den größten Bayerns.

MUSEUM
Das **Römermuseum** zeigt Stationen der römischen Besiedlung. Es ist zudem Ausgangspunkt eines archäologischen Rundwegs (www.roemermuseum-seebruck.de; Di.–Sa. 10.00–16.00, So. 13.00–16.00 Uhr).

AKTIVITÄTEN
Bootsverleih und **Segelkurse** bietet die Chiemsee-Segelschule Seebruck (Franz Huber, www.chiemsee-segelschule.de).

INFORMATION
Tourist-Information, Am Anger 1, 83358 Seebruck, Tel. 08667 71 39, www.seeon-seebruck.de

Genießen   Erleben   Erfahren

DuMont Aktiv

Segeln auf historische Art

Sie ist schlicht, elegant und von klassischer Schönheit. Der Bootstyp der Segelplätte ist so einzigartig und typisch für den Chiemsee, dass Einheimische den Oldtimer hüten wie einen kostbaren Schatz und Besucher ihn auf eigens organisierten Regatten bewundern.

Sobald eine Plätte vorüberzieht, hört man immer wieder diesen Satz: „Schau mal, was für ein schönes Boot!" Dann richten sich die Sommerfrischler vom Badesteg auf, um einer Chiemseeplätte hinterherzuschauen. Ursprünglich war die Plätte lediglich ein Flachboden-Holzboot zum Rudern. Als in der ersten Hälfte des 19. Jahrhunderts regelmäßig Maler auf die Fraueninsel übersetzten, sollen sie die Einheimischen dazu überredet haben, es zur Arbeitserleichterung und zum Vergnügen, statt mit einem Ruder, doch mal mit einem Segel zu versuchen. Und so ist es nicht verwunderlich, dass Segelplätten auch bald auf vielen Gemälden jener Zeit zu sehen sind.

Etwa 1935 erhielt die Plätte einen einheitlichen Riss, ein Steckschwert aus Eisen und eine festgelegte Segelfläche von 10 Quadratmetern. In dieser Bauweise bildet sie bis heute das Flaggschiff des Wassersportvereins der Fraueninsel. Nach der Kunststoffbootära der 1970er-Jahren hat die Rückbesinnung auf Holz und die einfache, aber elegante Konstruktion die Plätte längst wieder salonfähig gemacht. Inzwischen gibt es etwa 70 Plätten, die zu segeln jedoch nicht einfach ist. „Schon bei wenig Seitenneigung schwappt leicht Wasser über die schmale Bordoberkante ins Innere. Volllaufen und Kentern des Bootes droht schon bei einigermaßen kräftigem Wind, sobald dem Segler ein Fehler passiert", schreibt der Schriftsteller Sten Nadolny, der zeitweise am Chiemsee lebt und dort mit seiner Plätte segelt. Kaum ein Eigentümer verleiht seinen Oldtimer, aber es ist auch schon ein Genuss, den Chiemseeplätten bei einer Regatta zuzusehen. Und wer Glück hat, der darf vielleicht sogar mitsegeln.

Weitere Informationen
Chronik und Regattatermine zur Plätte auf der Internetseite http://chiemseeplaette.info.

Geburtsort der Plätte ist die Fraueninsel, wo sich der **Wassersportverein Fraueninsel**

(www.wvf-chiemsee.de) diesem Chiemseeboot besonders verbunden fühlt.

Informationen über das Segelrevier, Bootsmieten, Segelkurse und Mitsegelmöglichkeiten im Internet auf www.chiemsee-segeln.de.

Im Bann der Berge

In den Chiemgauer Alpen führt kein Weg an der Besteigung zackiger Höhen vorbei – an erster Stelle natürlich der Kampenwand. Die erklimmt jeder nach persönlicher Fitness entweder zu Fuß oder mit der Seilbahn. Neben einem unvergesslichen Panoramablick können die Gipfelstürmer hier oben dann vieles über die vergessene Kultur des Almlebens erfahren.

Höher geht es nicht auf der Kampenwand

„**W**enn i mit meiner Wampen kannt, dann gangat i gern auf die Kampenwand", lautet ein bekannter bayerischer Schüttelreim über eine der imposantesten Felsformationen der Chiemgauer Alpen. Freilich galt im einstigen Bayern eine veritable Wampe als Zeichen von Macht und Wohlstand, schließlich zierte sie Wiesenwirte, Groß-bauern und auch Staatsmänner. Heute hingegen erschwert so ein Schmerbauch sowohl die Karriere als auch den Kam-penwandaufstieg. Doch selbst wer sich ganz ohne Wohlstandsbäuchlein den deftigen kulinarischen Verlockungen allzu sehr hingibt, fragt sich bisweilen am nächsten Tag, warum er sich vom Tal hinauf in die Berge schleppen soll, wenn es doch eine Seilbahn gibt. Eine nostalgische noch dazu, denn schon seit 1957 transportiert die Kampenwand-Seilbahn Gäste in kleinen roten, gelben und blauen Viererkabinen von Aschau hinauf zur Bergstation. 850 Höhenmeter in 14 Minuten. Sogar Hochzeitspaare kommen herauf, um sich in der Sonnen-alm das Ja-Wort zu geben.

Kühe, Kampen, Kostbarkeiten

Oben an der Bergstation wartet sommers bei jedem Wind und Wetter um 11 Uhr eine von neun Bäuerinnen oder Land-frauen aus der Gegend auf naturinter-essierte Wanderer. In Dirndl und mit

„Pfui Deifi is des Leb'n schee!"
Bayerische Wirtshausweisheit

Sonnenhut und Rucksack geht heute Marianne Hamberger mit den Gästen auf Tour, um ihnen Geschichten über die Bergwelt und ihre Bergblumen zu er-zählen. Zum Beispiel die vom Pächter der Möslarnalm, der all seine Kühe am unterschiedlichen Klang ihrer Glocken erkennt. Schließlich muss er seine Viecher auch bei Nacht und Nebel finden können. Und der Klang der Glocken ge-hört für die meisten zur Almlandschaft

Der Aufstieg zum Kampenwand-Gipfel (links oben) wird mit einem phantastischen Chiemsee-Blick belohnt (rechts oben). Ein wenig trittsicher sollte man bei der doch eher harmlosen Kletterei schon sein (links unten), um im Anschluss auf der Sonnenalm dieses Erfolgserlebnis zu genießen (unten rechts)

Bis heute blieb der durch Inn-Schifffahrt erworbene Wohlstand im Ortsbild Neubeuerns sichtbar. Der Marktplatz ist eindrucksvolle Kulisse des sommerlichen Lichterfestes, bei dem tausende Kerzen in Fenstern und auf Balkonen den bayerischen Abend auf der Bühne beleuchten

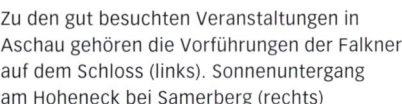

Zu den gut besuchten Veranstaltungen in Aschau gehören die Vorführungen der Falkner auf dem Schloss (links). Sonnenuntergang am Hoheneck bei Samerberg (rechts)

Auch „Haschl's Gasthaus" zeigt die nicht nur für Neubeuern typische illusionistische Fassadenmalerei

Den Samerberger Aussichtspunkt bei der Luitpoldeiche am Obereck schmückt diese kleine Kapelle. Es wird berichtet, hier habe sich König Ludwig III., Bayerns letzter König, 1918 von seinem Reich verabschiedet

wie Enzian und Edelweiß – auch wenn in der Schweiz Tierschützer die Glocken als Tierquälerei verbieten lassen wollen.

„Mama, Muh", ruft ein kleines Mädchen voller Freude und steuert zielstrebig auf zwei Pinzgauer Rinder zu. Das Almjungvieh hier oben hat noch seine natürlichen Hörner behalten, was in der Stallwirtschaft aufgrund der höheren Verletzungsgefahr nur noch selten geduldet wird. Kühe sind zwar eigentlich recht friedliche Tiere, der Kontakt mit ihnen ist aber nicht immer ungefährlich. Schuld daran trägt wie so oft der Mensch selber. Es sei nicht ratsam, seinen Hund frei über die Alm laufen zu lassen oder Viehgatter zu übersteigen, um eine Kuh zu

streicheln, denn die Tiere versuchten immer ihre Kälber zu schützen, sagt Marianne. Und so legt auch die Mama schützend ihre Arme um ihr kleines Mädchen, das nun recht vorsichtig die Löckchen auf der Kuhstirn krault, als das Rindvieh seinen Kopf neugierig durchs Gatter steckt.

Läusemelker und Ameisenbader

Das Erkunden der alpinen Blumenwelt ist einfacher zu bewerkstelligen – wenn man beachtet, dass die Blümchen oftmals unter Naturschutz stehen und nicht gepflückt werden dürfen. Das einköpfige Berufskraut zum Beispiel, das ein wenig wie ein Gänseblümchen aussieht und, so

erzählt es Marianne, seinen ungewöhnlichen Namen deshalb bekommen hat, weil man es früher den Neugeborenen für eine gute Berufung in die Wiege legte. Gleich daneben steht noch ein Katzenpfötchen und ein kleines Mausohr. „Na, wenn die beiden aufeinandertreffen, dann ist aber was los", meint ein Vater. Dessen Bub kauert bereits vor einem rotbraunen Haufen, in dem schon tatsächlich was los ist, denn der Junge ruft ganz aufgeregt: „Ameisen – viele!" Der wuselnde Berg besteht aus etwa zwei Millionen roter Waldameisen, die sich von Honigtau ernähren, den Blattläuse abgeben. Dass Ameisen auf diese Weise quasi Läuse melken, finden die Kinder

Von der Piesenhausener
Hochalm geht der Blick
auf den Alpenhauptkamm
und den Wilden Kaiser

Zum Märchen-Erlebnispark in Marquartstein
gehört auch eine Sommerrodelbahn

Reit im Winkl um seine Pfarrkirche St. Pankratius. Das Panorama
dahinter bildet hoch aufragend der Zahme Kaiser

Eine beliebte Tour für Mountainbiker:
Weg zur Piesenhausener Hochalm

Die Entenlochklamm bei Schleching hält,
was sie verspricht: Wildwasserrafting

Special

Heimatsound

Der Gipfeljodler

Beim Jodel-Dozent Josef Ecker aus dem Chiemgau lässt sich die reizvolle Kunst des bayerischen Gebirgsrufs erlernen.
Wer richtig jodeln lernen will, darf sich vor allem nicht scheuen, ungewöhnliche Laute auszustoßen: „Hätt i di, hob i di, äh du li ri ja." Mehrmals in Folge intoniert, klingt das bei manchem anfangs wie eine Sketcheinlage von Loriot. Dabei gibt es für Josef Ecker nichts Schlimmeres als einen Jodler, der nach Gejaule klingt. Neben Überwindung ist deshalb auch voller Körpereinsatz gefragt, wenn Ecker die Nachwuchssänger in richtiger Atmung, Tonbildung und Stimmkraft trainiert. Jodeln ist schließlich eine Kunst für sich und eine uralte Form der Kommunikation obendrein. Wie sonst fanden zwei Menschen ohne Handyempfang früher zueinander in der unüberschaubaren Gebirgslandschaft? Per Jodelruf natürlich, der gemeinhin kilometerweit zu hören ist.

Schon vor Jahrzehnten heuerte Eckers Heimatgemeinde Bergen am Hochfelln den Musiklehrer an, um mehr Urlaubsgäste anzulocken. Inzwischen besitzen die Jodelseminare nicht nur auf dem Hochfelln Kultstatus. „Wie schallt's von der Höh'?", will der Jodelkaiser zum Abschluss von seinen Schülern wissen. Klare Antwort: „Hollereiduliöööööööö!"

natürlich lustig. Dafür profitieren andere Tiere von den Ameisen. Sie habe schon Vögel im Ameisenhaufen baden sehen, die so ihre Milben wieder loswerden wollten, erzählt Marianne. Und sie demonstriert, wie auch der Mensch sich von der Natur helfen lassen kann, und legt ein Stofftaschentuch auf den Ameisenhaufen, das die Tierchen sogleich zur Abwehr mit Ameisensäure besprühen. „Jetzt durch das Taschentuch einatmen, und verschleimte Bronchien werden wieder frei", sagt die Naturkundlerin, die den Gästen gerne die über Jahrhunderte gewachsene, aber oft schon vergessene Kultur des Almlebens vermittelt.

Die Blicke schweifen in die Ferne, denn von hier oben hat man einen herrlichen Rundumblick über den Chiemsee und die weite Landschaft. Hinter einem ragt jener auffällig gezackte Bergkamm auf, der unübersehbar über der gesamten Region thront und der Kampenwand auch ihrem Namen gab. Ein bequemer, fast ebener Panoramaweg führt hier oben an der Nordflanke der Kampenwand entlang bis zur Steinlingalm. Doch wer ganz hinauf bis zum Ostgipfel auf 1664 Meter will, schafft das dann doch nicht ohne Klettereinlage durch die Felsenzacken der pittoresken Kaisersäle. Das Gipfelkreuz ist mit zwölf Metern das höchste in den Bayerischen Alpen.

Auf dem Eis der Inzeller Max Aicher Arena mischen sich Profis und Amateure

„Der Sport ist eine Schule fürs Leben. Hier auf der Winklmoosalm habe ich eine wunderbare Kindheit erlebt."

Skilegende Rosi Mittermaier

Im Chiemgau hat jeder Berg seine Geschichten. So wie der Schüttelreim die Kampenwand bekannt gemacht hat, war der Hochfelln durch seinen ersten Seilbahngast einst in aller Munde: einen Elefanten. Um die Sicherheit der Bahn zu demonstrieren, liehen sich die Betreiber bei einem gerade gastierenden Zirkus einen Elefanten aus und transportierten ihn 1971 am Tag der Eröffnung in einer der Kabinen bis zum Gipfel hinauf. Die Jodellaute und Jauchzer, die man hier oben manchmal hört, sind aber bei weitem keine Zirkusnummer, sondern stammen von Josef Ecker, der auf dem Hochfelln regelmäßig seine Jodelseminare unter freiem Himmel abhält. Der Rauschberg hat dagegen eine eigene Kunstmeile mit Skulpturen wie den Himmelskletterer oder die mehr als sechs Meter hohe „Adams Hand", die in Richtung Rom zeigt. Ganz im Westen fährt die älteste noch im Betrieb befindliche Zahnradbahn Bayerns von 1912 hinauf auf den Wendelstein, der mit noch weiteren Superlativen aufwartet: eine Universitätssternwarte, die höchstgelegene Schauhöhle und die höchstgelegene Kirche Deutschlands. Ende des 19. Jahrhunderts gab es hier herauf noch keine Bergbahn, und die Wirtin des Wendelsteinhauses soll geklagt haben, dass sie bei der vielen Arbeit, alles hoch-

zuschleppen, keine Zeit mehr für den Kirchgang hätte. So kam die Kirche eben auf den Wendelstein. Fleißig wurden damals Spenden für das Gotteshaus gesammelt. Eine kam sogar von Buffalo Bill, der seinerzeit in München gerade eine Wild-West-Show aufführte.

Und weil man nicht so schnell wie Buffalo Bill reiten kann, wird es auf der Kampenwand nun Zeit für den Abstieg hinunter nach Aschau. Vorbei an der Schlechtenberg und Gori Alm, wo noch einmal eine kleine Brotzeit als Stärkung wartet, bevor man über den historischen Reitweg, einem der ältesten Wanderwege auf der Kampenwand, nach Aschau kommt. Den Reitweg nutzen einst die Freiherren von Cramer-Klett, um zu ihrer Jagdhütte zu kommen. Die Cramer-Kletts, die zu den wichtigsten Industriepionieren Bayerns gehören, verhalfen auch Aschau zu Wohlstand. Sie kauften Mitte des 19. Jahrhunderts das Schloss und die umliegenden Ländereien, brachten eine Eisenbahnverbindung ins Tal, stifteten der Kirche einen zweiten Turm und halfen auch beim Bau der Kinderklinik. Bis heute thront Hohenaschau herrschaftlich über dem Ort, gehört aber inzwischen dem deutschen Staat, so dass es nun weitgehend gestressten Finanzbeamten als Ferien- und Erholungsheim dienen kann.

Hier geht es zur
Sache: im Bikepark
Samerberg unterhalb
des Hochries

Deutsche Meisterschaft im Biathlon in
Ruhpoldings Chiemgau -Arena: Die Staffel
kämpft im Sommer um Medaillen (oben
links, Mitte links und unten rechts).
Inzells Eis wird international geschätzt:
norwegisches Team in der Max
Aicher Arena (Mitte rechts)

Und gleich kreist er wie ein Adler über Ruhpolding:
Hängegleiter vor dem Start auf dem Vorderen Rauschberg

Wanderer auf dem Abstieg vom Sonntagshorn (oben).
Langerbauer Alm im Röthelmoos oberhalb von Ruhpolding
(Mitte). Ruhpoldings Rathaus zeigt üppige „Lüftlmalerei"

Da setzt di nieder

In Aschau merkt der Besucher sofort, dass die Gemeinde einen Sinn für Entschleunigungswillige hat. Denn bezeichnend für den Ort ist, dass er über Europas größte Bankendichte verfügt. Mehr als 470. Nicht Geldinstitute, sondern Bänke zum Verweilen. Schon allein fast 200 Themenbänke sind es inzwischen, die Aschauer und Sachranger Vereine, Betriebe und Privatpersonen meist mit Witz und Ironie gestaltet haben. So wurde das Gesundheitsbankerl der Apotheke mit Kräuterbüscheln ausgestattet oder dient die Quadratratschn-Bank vor dem Rathaus dem Austausch der neuesten Nachrichten und Gerüchte.

Bankerl hat auch der Möbeldesigner Nils Holger Moormann entworfen, der in Aschau so etwas wie seine zweite Heimat gefunden hat. Kampenwand heißt eine Tisch-Bank-Kombination, die aber keineswegs im alpenländischen Jodlerstil daherkommt, sondern kompromisslos schlicht, aber hoch effizient und anarchistisch wie alle Möbel, die Moormann entwirft. Eine Übernachtungsmöglichkeit für Geschäftspartner war sein Gästehaus „Berge" anfangs, bis sich auch immer mehr Design- und Architekturinteressierte in die mit Moormann-Möbeln ausgestattete Bleibe einquartierten. Das minimalistische Konzept wurde erfolgreich, vielleicht gerade, weil es auf all das verzichtet, was viele in

„Freiheit aushalten!"

steht auf dem Einfahrtsschild zum
Gästehaus „Berge"

einer guten Unterkunft erwarten: Rezeption, Spa und Restaurant. Ein Care-Paket mit Nudeln, Tomatensauce und einer Flasche Rotwein steht allerdings auf jedem Zimmer, damit man nicht gleich am ersten Tag hungrig ins Bett muss. Obwohl das vielleicht manchmal nicht so schlecht wäre, denn sonst wird es wohl auch morgen nichts mit einem Fußmarsch hinauf auf die Kampenwand.

Nicht nur Haxen

Von der Brotzeit bis zum Sterne-Menü liegt der Trend bei regionalen, nachhaltigen und naturverbundenen Produkten von Kleinproduzenten aus nächster Nähe. Die neue bayrische Vital-Küche verleiht so manchem einst deftigen Gericht Flügel.

Früher waren Gasthäuser das gesellige Zentrum des Dorfes. Doch als immer mehr Vereine eine Lizenz zum günstigen Ausschank bekamen, folgte das große Wirtshaussterben. Auch für das „Gasthaus Feldwies" in Übersee, das es schon seit 1554 gibt, sah es nicht gut aus. Doch die Dörfler gründeten eine AG und wurden Kleinaktionäre ihres eigenen Wirtshauses. Gemeinsam wurde renoviert und 2004 neu aufgesperrt. Heute hängt der Himmel der Wirtsstube wieder voll frischem Hopfen, und neben altbewährtem Schweinebraten gibt es auch bayerische Delikatessen, die sonst nur mehr selten auf Speisekarten zu finden sind: Saueres Lüngerl, Milzwurst und Bauernpresssack.

Längst sind auf dem Land allerdings die Zeiten vorbei, als kalorienbewussten Städtern schon mal abgebräunter Leberkäse mit Spiegelei als vegetarisches Gericht angeboten wurde.

Mehr Leichtigkeit

Denn neben bodenständigen Traditionswirtshäusern hat sich schon seit geraumer Zeit auch eine Vitalküche etabliert, die der bayerischen Küche mehr Leichtigkeit verleiht. Regional, nachhaltig und naturverbunden heißt die Devise. „Bei uns kommt kein gequältes Fleisch auf den Tisch", sagen Franz und Hannes Lichtmanegger vom Berghotel Rehlegg in der Ramsau. Eine wahre Schatzkammer für die Küche und das SPA ist ihre Almwiese mit 68 Pflanzenarten hinter dem Anwesen. Dafür hat man eigens eine kräutererfahrene Pädagogin engagiert. Nach strengen Bio-Vorgaben werden sogar eigene Schweine gezüchtet. Kein Wunder also, wenn sich hier nicht nur das Borstenvieh sauwohl fühlt.

Auch die Küche von Gut Edermann in Teisendorf arbeitet mit einem Zusammenschluss lokaler Qualitätslieferanten und setzt bei der Präsentation noch eins drauf. Im Sommer wird draußen im Garten zum Gourmet-Menü der „Jedermann" aufgeführt, und im Winter gibt es Wildwochen, zu denen in der alten holzgetäfelten Bauernstube Schwankstücke aus der Zeit von Jennerwein und Boarisch Hiasl zum Besten gegeben werden, als das Wildern noch überlebenswichtig war.

Rustikaler geht es nicht: Steckerlfische in der Fischerhütte Reiter in Osternach bei Prien am Chiemsee

Panoramaterrasse der Residenz Heinz Winkler
vor der Kampenwand (oben) und der Sternekoch
mit einer seiner Kreationen (unten)

Kein Zirkus auf dem Teller

Dass seine Fasane und Wildenten aus der Region stammen, ist auch Heinz Winkler wichtig, der in seiner Residenz in Aschau mit zwei Michelin-Sternen aufkocht. Er weiß, dass gerade das Kochen modischen Trends unterliegt und ist dennoch kein Freund von Show- oder Molekularküche. „Statt Zirkus auf dem Teller, sollte man sich mehr auf den Geschmack konzentrieren!" Natürlich ist es in der gehobenen Gastronomie nie ums üppige Essen und ums Sattwerden gegangen – auch wenn so mancher Sternekoch privat die bodenständige Küche weit mehr schätzt, als man denkt. Auch Heinz Winkler erinnert sich gerne an lukullische Genüsse aus Kindertagen. „Ich habe daheim immer etwas vom Holunderblütenwein stibitzt, solange er noch süß war und noch nicht gegärt hat." Und heute kreiert er gerne ein Holunderblüten-Sorbet.

Auch das Augenmerk von Ulrich Heimann, Küchenchef des mit einem Michelin-Stern ausgezeichneten „Le Ciel" im „Hotel Kempinski Berchtesgaden" liegt auf regionalen Produkten. Da wird der Zander nicht eingeflogen, sondern stammt aus dem Berchtesgadener Land. Und für die Suppe sammelt das Küchenteam den Bärlauch schon mal im Wald vor der Haustür. Sogar Vegetarier kommen beim Menü „Kraut & Rüben" auf ihre Kosten: Bio-Ei und Rahmspinat mit Morcheln. Abgebräunter Leberkäse ist mit Sicherheit nicht dabei.

Informationen

....

Residenz Heinz Winkler, Kirchplatz 1, 83229 Aschau im Chiemgau, Tel. 08052 17 99 0, www.residenz-heinz-winkler.de
Kempinski Hotel Berchtesgaden, Hintereck 1, 83471 Berchtesgaden, Tel. 08652 97 55 0, www.kempinski.com
Gut Edermann, Holzhausen 2, 83317 Teisendorf, Tel. 08666 92 73 0, www.gut-edermann.info
Berghotel Rehlegg, Holzengasse 16, 83486 Ramsau, Tel. 08657 98 84 0, www.rehlegg.de
Wirtshaus D'Feldwies, Greimelstraße 30, 83236 Übersee am Chiemsee, Tel. 08642 59 57 15, www.wirtshaus-feldwies.de

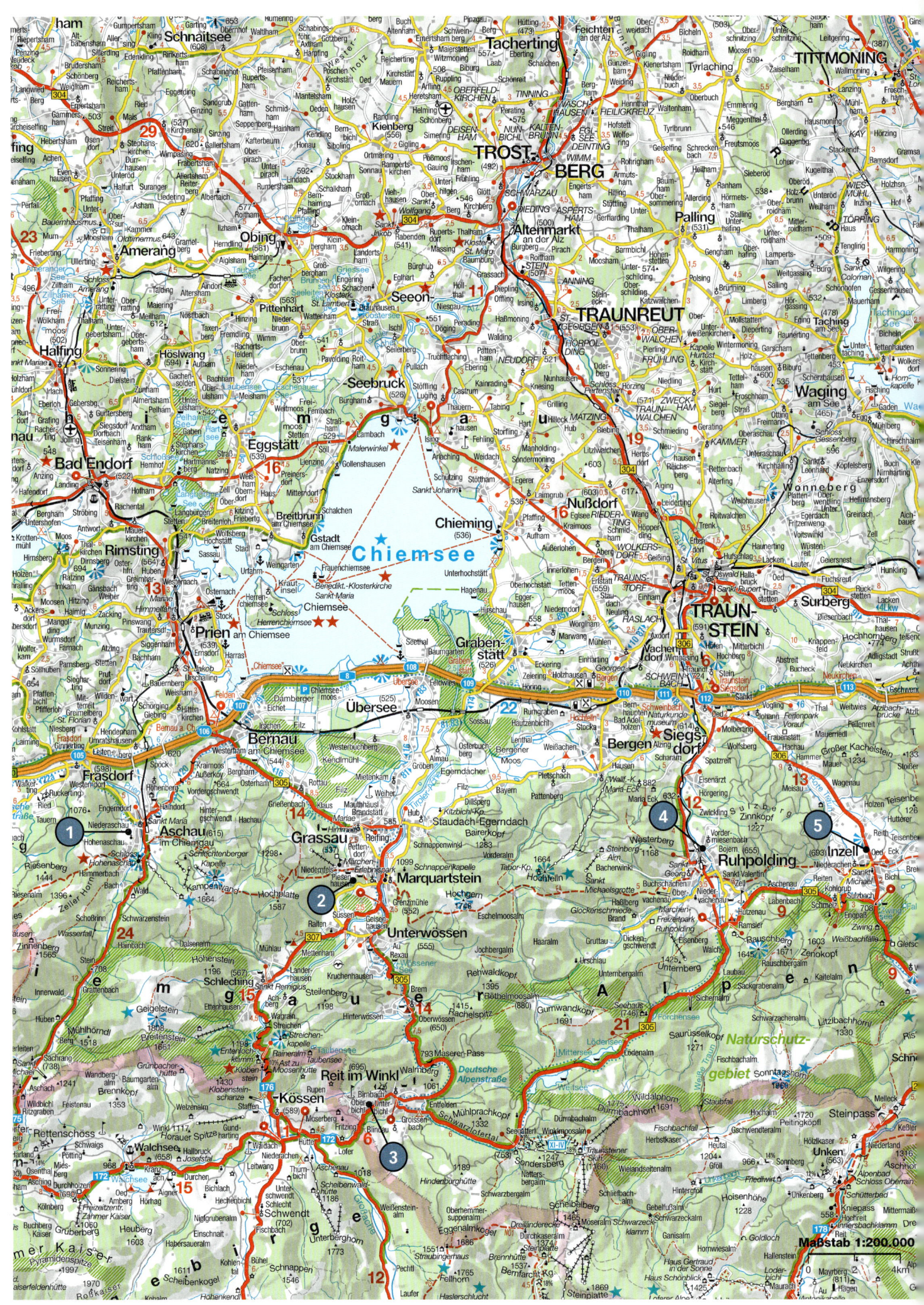

Zackiges Gipfeltreffen

Die Bergwelt zwischen Chiemsee und Tirol wird besonders vom gezackten Rücken der Kampenwand bestimmt. Im vielfältigen Wandergebiet der Chiemgauer Alpen reizen aber auch noch 50 weitere Gipfel und rund 60 bewirtschaftete Almen mit Fernsicht und traditionellen Almgerichten.

❶ Aschau im Chiemgau

Der Luftkurort (5600 Einw.) wird seit dem 12. Jh. von Hohenaschau bestimmt, das auf einem Felsenrücken liegt, und der markanten, kammförmigen Gebirgsformation der Kampenwand.

SEHENSWERT

Das im 16. und 17. Jh. umgestaltete **Schloss** (Urspr. um 1170; Bundesfinanzverwaltung) ist nur bei Führungen zu besichtigen (www.aschau.de/de/schloss-hohenaschau; Mai–Okt. Di., Do. und So. 13.30 und 15.00., Mi. und Fr. 10.00 und 11.30 Uhr). Die Schloss-Falknerei veranstaltet auch Flugvorführungen. Die im 17. Jh. barockisierte **Pfarrkirche** (Urspr. 15. Jh.) mit ihren stattlichen Zwiebeltürmen wurde mehrfach umgebaut und verfügt über interessante Deckenfresken. Seit 2014 ist Aschau ein mit dem Deutschen Tourismuspreis prämiertes Bankerldorf. In Ort und Umgebung wurden ca. 200 kuriose Themen-Sitzbänke aufgestellt, die auch bei Veranstaltungen einbezogen werden (www.aschau.de/bankerl).

MUSEUM

Das **Prientalmuseum** im Schloss informiert über die Herrschaftsgeschichte der Familie Cramer-Klett und dokumentiert die Zeit der industriellen Eisenverarbeitung (Öffnungszeiten wie Schloss).

AKTIVITÄTEN

Aschau ist Talstation der **Kampenwand-Seilbahn** (www.kampenwand.de). Von der Bergstation (1467 m) mit der Sonnenalm führt ein fast ebener Panoramaweg in ca. 30 Min. zur Steinlingalm, von hier in weiteren ca. 30 Min. mit mittelschwerem Aufstieg zum Ostgipfel (1669 m).
Wanderungen TOPZIEL mit Bäuerinnen und Landfrauen aus Aschau und Sachrang führen u. a. zu Bergblumen auf der Kampenwand (www.bavarian-walking.de). **Gleitschirmfliegen** an der Kampenwand lernen oder in einem Tandemflug ausprobieren kann man in der Flugschule Chiemsee (www.flugschule-chiemsee.de).

HOTEL UND RESTAURANT

Die €€€€ **Residenz Heinz Winkler** ist ein mit zwei Michelin-Sternen ausgezeichnetes und im venetianischen Stil gestaltetes Gourmetrestaurant. Die Residenz bietet Übernachtungsmöglichkeiten in 32 opulenten Zimmern und Suiten inkl. Wellnessbereich (Kirchplatz 1, 83229 Aschau im Chiemgau, Tel. 08052 17 99 0, www.residenz-heinz-winkler.de). Das €€€ **Gästehaus Berge** ist eine Herberge der besonderen Art: 16 individuelle Quartiere für Selbstversorger mit Küche (Kampenwandstraße 85, 83229 Aschau im Chiemgau, Tel. 08052 90 45 17, www.moormann-berge.de). Der €€ **Entenwirt** in Samerberg ist bekannt für seine leckere Enten-Schmankerlküche (Samerstraße 5, Samerberg, Tel. 08032 88 15, www.entenwirt.de); jedes Jahr im Aug. treffen sich hier die Citroën-2CV-Liebhaber.

UMGEBUNG

Der **Bärnsee** befindet sich ca. 4 km nordöstl., der See (Badeverbot) ist umgeben von einer wilden Hochmoorlandschaft und steht aufgrund seiner Flora und Fauna unter Naturschutz. **Neubeuern** (19 km westl.) wurde wegen seines malerischen Marktplatzes und seiner prächtigen Häuser mit geschmückten Balkonen, Erkern und Lüftlmalereien 1981 zum schönsten Dorf Deutschlands gewählt.

INFORMATION

Tourist-Information, Kampenwandstraße 38, 83229 Aschau im Chiemgau, Tel. 08052 90 49 0, www.aschau.de

❷ Marquartstein

Der Luftkurort (3300 Einw.) liegt zwischen Hochgern (1748 m) und Hochplatte (1586 m) und direkt an der Tiroler Achen, die nur wenige Kilometer weiter nördlich in den Chiemsee mündet. Schon Richard Strauss kam mit Familie und Freunden gerne zur Sommerfrische. Von wirtschaftlicher Bedeutung ist die alteingesessene Chiemgau-Klinik im Ortsteil Geisenhausen.

SEHENSWERT

Burg Marquartstein, von Ritter Marquart II. 1075 erbaut und im 19. Jh. umgestaltet, befindet sich nach einer kompletten Renovierung in Privatbesitz und kann nicht besichtigt werden.

MUSEUM

Das **Bayerische Moor- und Torfmuseum Rottau** am Rand des Naturschutzgebietes Kendlmühlfilzen (5 km nordw.) zeigt auch einen Torfbahnhof – ein Industriedenkmal von 1920 (www.torfbahnhof-rottau.de; Führungen Ende März–Anf. Nov. Sa. 11.00, 14.00 und 16.00 Uhr).

Massig überragt Hohenaschau den Ort Aschau (links). Durch den Spalt im „geklobenen Stein" ist die Wallfahrtskirche Mariahilf direkt an der Grenze zu Österreich zu erreichen (rechts)

AKTIVITÄTEN

Zum **Märchen-Erlebnispark** gehört auch eine Sommerrodelbahn, www.maerchenpark.de. Der Sommer bietet u. a. **Rafting** für Einsteiger durch die Entenlochklamm (südl.) samt Besuch der Mariahilf-Wallfahrtskirche (1707) am „geklobenen Stein" (2 Std.; Informationen bei der Tourist-Information).

RESTAURANT

Der im 11. Jh. erwähnte €€ **Hofwirth Zur Post** ist einer der ältesten Gasthöfe im Chiemgau. Der Komponist Richard Strauss gehörte einst zu den Stammgästen (Dorfstraße 5, Marquartstein, Tel. 08641 69 80 00, www.hof wirth.de).

UMGEBUNG

Der **Hochfelln** (1674 m) bei Bergen (13 km nordöstl.) gilt aus Aussichtsterrasse des Chiemgaus. Er ist mit der Seilbahn erreichbar (www.hochfelln.de). Beliebt sind die dortigen Sonnwendfeuer und die Freiluft-Jodelseminare von Josef Ecker (www.jodelseminar.net).

INFORMATION

Tourist-Information, Rathausplatz 1, 83250 Marquartstein, Tel. 08641 69 95 58, www.marquartstein.de

Tipp

Fußball oder doch Golf?

....

Das kommt dabei raus, wenn man Fußball und Golf vermischt: Die Rede ist von Fußballgolf, das in Anklängen wie klassisches Golf, aber ohne jede spezielle Ausrüstung gespielt wird. Der Ball ist ein Fußball und der eigene Fuß fungiert als Schläger. Mit möglichst wenig Schüssen muss der Ball bis zum Loch gespielt werden, wobei es auch gilt, Hindernisse zu umspielen. Eine Runde dauert je nach Parcours, Geschick und Anzahl der Spieler zwischen 1 bis 2,5 Std. Inzwischen werden sogar Weltmeisterschaften ausgetragen.

Soccerpark Inzell, Mitterweg 33, 83334 Inzell, Tel. 08665 92 88 61 0, www.soccerpark-inzell.de

③ Reit im Winkl

Seine touristische Bedeutung hat der auf eine mittelalterliche Rodung zurückgehende Ort (2400 Einw.) einer Alpenreise des Bayernkönigs Maximilian II. 1858 zu verdanken. Später haben Ski-Legende Rosi Mittermaier (Winklmoosalm), Langläuferin Evi Sachenbacher-Stehle und die Volksmusikantinnen Maria und Margot Hellwig Reit im Winkl bekannt gemacht.

Wanderziel südl. Reit im Winkl: Eggenalm (links). Angebot der „Windbeutelgräfin" in Ruhpolding (rechts oben). Beim Samerberger „Entenwirt" kommt die Citroën-2CV-Szene zum „Ententreffen" zusammen (rechts unten)

SEHENSWERT

Die neubarocke **Kirche St. Pankratius** (1913) im Ortskern umgeben stattliche Bauernhäuser.

MUSEUM

Das **Skimuseum** im Schulhaus zeigt eine Skier-Sammlung von den Anfängen bis zu Rennskiern, die dem Museum von Spitzensportlern überlassen wurden (Sommer Di. und Do. 15.00 bis 18.00, Winter Di., Mi. und Fr. 14.00–17.00 Uhr).

AKTIVITÄTEN

Die Winklmoosalm ist dank ihrer schneesicheren Lage auch als „Schneeloch" und für ihr **Alpinski**-Angebot bekannt, im Sommer idealer Ausgangspunkt für **Wanderungen und Radtouren** (www.winklmoosalm.de). Hier befindet sich eine beschilderte **Höhentraining-Nordic-Walking-Strecke** (5,6 km).

HOTEL

€€€ **Gut Steinbach** bietet 57 Gästezimmer und eine herrliche Aussicht auf Reit im Winkl und die Berge (Steinbachweg 10, 83242 Reit im Winkl, Tel. 08640 80 70, www.gutsteinbach.de).

INFORMATION

Tourist-Information, Dorfstraße 38, 83242 Reit im Winkl, Tel. 08640 80 02 0, www.reitimwinkl.de

④ Ruhpolding

Der Luftkurort und Wintersportplatz (6800 Einw.) wird von einer eindrucksvollen Gebirgskulisse umgeben. Ende des 16. Jh. begann der Erzbergbau, nach dem Zweiten Weltkrieg der bis heute wirtschaftlich bestimmende Tourismus.

SEHENSWERT

Die **Pfarrkirche St. Georg** (bis 1757) ist schon von Weitem talbeherrschend. Mit ihrer Ruhpoldinger Madonna (um 1230) zählt sie zu den bedeutendsten Dorfkirchen Oberbayerns. Ebenso sehenswert sind mit Lüftlmalerei und vielen Details verzierte **Häuser** im Ortskern.

MUSEUM

Das **Holzknechtmuseum** erzählt von harter Arbeit vor 100 Jahren (www.holzknechtmuseum.com; Mai–Okt. Di.–So. 10.00–17.00 Uhr).

AKTIVITÄTEN

Im Winter gibt es viele **Langlaufloipen,** und man kann sogar **Biathlon** erlernen (www.biath loncamp.de).

VERANSTALTUNGEN

Anf. Dez. wird mit 100 Schauspielern **Waldweihnacht** (Krippenspiel) auf dem Freigelände des Holzknechtemuseums gefeiert (www.ruhpoldinger-waldweihnacht.de; alle 3 Jahre, wieder 2018). Im Jan. findet der **Biathlon Weltcup** statt (www.biathlon-ruhpolding.de).

Tipp

Mit Alpakas auf Trekking-Tour

....

Für Maserati, Tornado und die Alpaka-Mädels muss man manchmal viel Zeit und Geduld mitbringen. Denn Alpakas haben einen eigenwilligen Charakter und bestimmen oft selbst, wie lange eine Wanderung mit ihnen dauert. Fast 30 Tiere hat der Alpakastall Inzell für ausgedehnte Trekking-Touren. Die anpassungsfähigen Tiere aus den hohen Anden Südamerikas finden sich nämlich auch im Alpenraum gut zurecht. Wegen ihrer sanften Art schließen besonders Kinder schnell Freundschaft mit ihnen. Eine Wandertour mit Alpakas sei Wellness für die Seele, heißt es.

Alpakastall Inzell, Familie Bauregger, Sulzbacher Straße 69, 83334 Inzell, Tel. 08665 76 89 www.alpakastall-inzell.de

UNTERKUNFT UND CAFÉ

€€€ **Beim Waicher** gibt es neben Appartements auch Luxuschalets (Waich 9, 83324 Ruhpolding, Tel. 08663 41 69 58 0, www.beimwaicher.de)

Das €€ **Bauernkaffee Windbeutelgräfin** serviert üppigste Sahne-Windbeutel mit 20 verschiedenen Füllungen (Brander Straße 23, Ruhpolding, Tel. 08663 16 85, www.windbeutelgraefin.de).

UMGEBUNG

Ruhpolding ist Talstation der Seilbahn zum **Rauschberg** (1645 m), wo Kunstbegeisterte Skulpturen wie den „Himmelskletterer" oder „Adams Hand" sehen können.

Das **Sonntagshorn**, höchster Gipfel des Chiemgaus (1961 m) und nicht durch eine Seilbahn erschlossen, bietet im Sommer mittelschwere Wanderungen (Aufstieg ca. 2,5 Std.) und wird im Winter gern von Skitourengehern besucht.

INFORMATION

Tourist-Information, Hauptstraße 60, 83324 Ruhpolding, Tel. 08663 88 06 0, www.ruhpolding.de

❺ Inzell

Die Ursprünge des heutigen Luftkurortes (4600 Einw.) gehen auf eine klösterliche Ansiedlung (1177) zurück. Inzell lebte ab 1665 vom Blei- und Zinkerz-Abbau und ist seit 1965 als Eisschnelllauf-Trainings- und Wettkampfzentrum und Wintersportort bekannt.

SEHENSWERT

Die **Pfarrkirche St. Michael** ist ein Saalbau von 1727 mit interessanten Barockfiguren.
St. Nikolaus in Einsiedl (Urspr. um 1200) zählt zu den ältesten Gotteshäusern des Ortes und liegt an einem idyllischen kleinen See.

AKTIVITÄTEN

Schlittschuhlaufen lässt sich auf der 400-m-Bahn der Eisschnelllaufbahn Max Aicher Arena (www.max-aicher-arena.de).

VERANSTALTUNGEN

Bei den **Ballonwochen** Ende Jan. steigen in der Dunkelheit leuchtende Heißluftballons von der Kreuzfeldwiese über die Winterlandschaft auf (Anmeldung bei der Inzeller Touristik). Anf. Febr. treten mehr als 100 **Hundeschlittengespanne** um die bayerische Meisterschaft an (www.schlittenhundesportbayern.de).

UNTERKUNFT

Neben fünf Ferienwohnungen gehört auch ein Almdorf mit fünf Chalets an einem kleinen See zum €€ **Gasthof Rauschbergblick** (Hutterer 4, 83334 Inzell, Tel. 08665 452, www.rauschbergblick.de).

INFORMATION

Inzeller Touristik GmbH, Rathausplatz 5, 83334 Inzell, Tel. 08665 98 85 0, www.inzell.de

Genießen   Erleben   Erfahren

DuMont Aktiv

Aktiv wie die Weltmeister

Die Region zwischen Inzell, Ruhpolding und Reit im Winkl ist die Heimat vieler Weltstars des Wintersports. Die bekannten Sportstätten stehen auch Freizeitsportlern zur Verfügung. Mit den Schlittschuhen übers Eis flitzen wie einst Anni Friesinger im Inzell-Eislaufstadion, zum Biathlon-Training nach Ruhpolding wie Magdalena Neuner oder zum Skifahren auf der Winklmoosalm wie Rosi Mittermaier.

Was in Inzell einst mit einer Natureisanlage am Frillensee begann, wird heute in der hochmodernen, überdachten Max Aicher Arena fortgeführt, Treffpunkt der Eisschnelllauf-Elite. Mentale Stärke, Ausdauer und Treffsicherheit sind auch anschließend beim Biathlon gefragt. Unter fachkundiger Anleitung des Ex-Biathlon-Nationaltrainers Fritz Fischer können Interessierte in Ruhpolding üben. Wer lieber in freier Natur läuft, hat von der Chiemgau-Arena aus eine direkte Anbindung an ein weitläufiges Loipennetz.

Ums Skifahren geht es auch auf der Winklmoosalm, die als Heimat von Rosi Mittermaier weltbekannt geworden ist, schließlich übte die spätere Skirennläuferin hier als Kind ihre ersten Abfahrtsschwünge. Heute bietet das Skigebiet Winklmoosalm-Steinplatte mit einer Gesamtlänge von 50 Kilometern und 16 Pisten in allen Schwierigkeitsstufen mit breiten, weitläufigen Pisten auch viele Angebote für Anfänger – ideal für künftige „Gold-Rosis".

Weitere Informationen

Eislaufen: Max Aicher Arena, Reichenhaller Straße 79, 83334 Inzell, Tel. 08665 98 81 11, www.max-aicher-arena.de
Skialpin: Winklmoosalm, Gebr. Höflinger GmbH, Dosbachweg 9, 83242 Reit im Winkl, Schneetel. 08640 8 00 25, www.winklmoosalm.de

Skilanglauf: Tourist-Information Ruhpolding, Hauptstraße 60, 83324 Ruhpolding, Tel. 08663 88 06 0, www.ruhpolding.de
Biathlon: Biathloncamp Fritz Fischer, Am Zirmberg / Biathlonzentrum 1, 83324 Ruhpolding, Tel. 08663 41 80 70, www.biathloncamp.de

Käferstündchen weiß-blau

Das Berchtesgadener Land ist eine bayerische Bilderbuchlandschaft. Die Naturlandschaft um Königssee und Watzmann gehört zum einzigen alpinen Nationalpark Deutschlands, und Städte wie Bad Reichenhall und Berchtesgaden warten mit einer Jahrhunderte alten Tradition auf. Stilgerecht lässt sich solch historischer Charme am besten auf einer Tour im Oldtimer-Cabrio erleben.

Berchtesgaden mit der doppeltürmigen Stifts- und der Pfarrkirche St. Andreas vor dem gewaltigen Watzmannmassiv

D er Himmel leuchtet in den schönsten bayerischen Nationalfarben weiß-blau, und mit offenem Verdeck rollt das Käfer-Cabriolet gemächlich vorbei an dem, was man unter einem typisch bayerischen Postkartenmotiv versteht: smaragdgrün glitzernde Seen, imposante Bergmassive, barocke Zwiebelturmkirchlein und hügelige, saftig-grüne Almen, auf denen genüsslich Fleckvieh grast. Hier scheint man dem Himmel der Bayern endlich etwas näher zu kommen. Und deshalb sind besonders an schönen Sommerwochenenden viele in Richtung Berge unterwegs. Gerade das Voralpenland wird bei Oldtimer-Freunden immer beliebter, denn in einem traditionellen Cabrio ist es im Berchtesgadener Land besonders reizvoll, einen Nostalgieausflug mit Historie zu verknüpfen.

So rollt der zitronenfaltergelbe Käfer durch schönstes Alpenpanorama geradewegs hinein nach Bad Reichenhall, vorbei an Gründerzeitvillen und dem königlichen Kurgarten. Bereits 1890 verlieh Prinzregent Luitpold der Stadt das offizielle Prädikat „Bad". Lagert doch in der Gegend schon seit Jahrmillionen das Salz eines Urmeeres tief und geschützt im alpinen Felsgestein. Quellwasser löst es zu wertvoller Alpensole, die sich in den Hohlräumen des

„Salz ist unter allen Edelsteinen, die uns die Erde schenkt, der kostbarste."

Justus von Liebig, Chemiker

Bad Reichenhaller Beckens sammelt. Mächtige Wasserräder mit 13 Metern Durchmesser fördern im Brunnhaus der Alten Saline bis heute Sole. Bei jeder Umdrehung ertönt ein Glockenschlag, der dem Brunnenwart schon aus der Ferne den korrekten Gang der Anlage signalisiert.

Bad Reichenhall: Konzertrotunde im Kurgarten (oben), Solespringbrunnen vor dem Gradierhaus (Mitte) und die für ihre Mozartkugeln bekannte Confiserie Reber (unten)

Am Bad Reichenhaller
Rathausplatz steht das 1849
errichtete Alte Rathaus (oben).
Mit der 2005 eröffneten
Rupertus Therme wollte sich Bad
Reichenhall neue Besucherkreise
erschließen (unten)

Seit nahezu 400 Jahren ist die
1698 geweihte barocke Kapelle
St. Bartholomä Ziel der Almer
Wallfahrt. Die Wallfahrer kommen
aus Maria Alm im österreichischen
Pinzgau. Bartholomäus ist der
traditionelle Heilige der Senner und
Almbauern. Hinter dem Kirchlein
ragt die Watzmann-Ostwand auf

Kaum denkbar ist eine Königssee-
Schifffahrt ohne Bläsersolo
vor der Echowand (links).
Ausgangspunkt aller Seetouren
ist das dank dem Königssee
florierende Schönau (unten)

Nach dem Übersetzen der Kühe kommt das Aufkranzen. Derartig geschmückt, geht es dann zurück in den heimatlichen Stall

„Watzmann, Watzmann,
Schicksalsberg –
Du bist so groß
und i nur a Zwerg!"

Wolfgang Ambros, Liedermacher

Als Brunnenwart ist Alfons Brümmer in Deutschland längst der letzte seiner Zunft. Er erzählt, dass für die Salzgewinnung früher Unmengen Brennholz geschlagen werden mussten, um damit die Sole in den Siedepfannen solange zu erhitzen, bis sich das Salz herauskristallisierte. Bald schon waren die Wälder der Umgebung alle abgeholzt, und so pumpte man die Sole über Leitungssysteme dorthin, wo es noch Holz gab, nach Traunstein und Rosenheim. Heute ist die Alte Saline eines der bedeutenden Industriedenkmäler Deutschlands und längst Museum. Brunnenwart Brümmer pumpt die Sole heute nur mehr für den Badebereich des Kurmittelhauses.

Tröpfchenweise Meeresluft

Schließt man vor dem hoch aufragenden Gradierhaus die Augen und atmet tief ein, glaubt man beinah am Meer zu sein. Kaum hörbar rieselt stark dosierte Sole über die 13 Meter hohe und 160 Meter lange Schwarzdornwand. Sobald die Bergluft durch die fein verästelten und mit kleinsten Soletropfen und Salzkristallen behafteten Zweige streicht, reichert sich die Luft mit Salz an. Meeresluft mitten in den Bergen. Ein perfekter Ort zum Durchatmen. Schon Mozart wandelte auf seinen Reisen durch dieses größte

Freiluftinhalatorium der Welt. Es ist eine Kulisse wie gemacht für einen Fellini-Film. Doch haftet dem klassischen Kuraufenthalt allenthalben das leidige Image von Alter und Krankheit an. Längst zeigen sich viele Krankenkassen nicht mehr bereit, solche Aufenthalte zu finanzieren. Und so bleibt auch Bad Reichenhall nichts anderes als der Versuch, jüngere Leute zu gewinnen, die sich mit Wellness- und Wohlfühlurlaub fit für den Alltag halten wollen. Nur selbstzahlende Gäste stellen auch höhere Anforderungen. Hinter den altehrwürdigen Mauern des Kurmittelhauses soll nun das angestaubte Image aufpoliert und die Angebotspalette moderner und vitaler werden.

Bootfahrende Kühe

Nochmal richtig Schwung nehmen muss jetzt auch der Käfer, damit ihm hinauf zum Rossfeld nicht die Luft wegbleibt. Die höchstgelegene Panoramastraße Deutschlands belohnt dafür auf ihren serpentinenreichen 15 Kilometern mit einem der schönsten Bergfernblicke der Gegend. Für das In-die-Landschaft-Gucken auf den Hohen Göll, Kehlstein, Tennen- und Dachsteingebirge und Untersberg gibt es Parkbuchten. Irgendwann ist es soweit, und man landet am Königssee.

Blick auf die Altstadt
Berchtesgadens mit Stiftskirche
und Pfarrkirche St. Andreas

Was wäre ein Berchtesgadener ohne seine
traditionellen Beinkleider: Lederhosenmacher
Franz Stangassinger in seinem Geschäft (unten)

Nach dem Berchtesgadenbesuch geht es mit
luftgekühlten 50 PS weiter Richtung Königssee

Im Schatten des Berchtesgadener Schlosses lässt sich gut einkehren

Die Berchtesgadener Altstadt ist Fußgängerzone – auch der
mit einem Brunnen geschmückte Marktplatz

Anfang Oktober sollte man sich jedoch sputen, um rechtzeitig am Königssee zu sein, denn dann findet hier einer der schönsten und kuriosesten Almabtriebe der Welt statt – mit Kühen, die eine Bootsfahrt machen. Etwa 30 Tiere müssen von den Almen am Südufer des Königs- und des Obersees in ihre heimischen Ställe zurückgebracht werden. Doch es gibt keinen passablen Fußweg, die mächtigen Felsen der Berchtesgadener Alpen fallen fast senkrecht zum Ufer hinab. Deshalb sind die Kühe vom Königssee die einzigen im gesamten Alpenraum mit einstündigem Bootstransfer.

Ist der Sommer auf der Alm für Mensch und Tier glücklich verlaufen, werden die Kühe geschmückt, sobald sie an der Seelände wieder festen Boden unter den Füßen haben. Bis die Kunstwerke aus mit Holzspänen gearbeiteten, üppigen, bunten Blumen und Rosetten fertig sind, muss so manche Sennerin vor dem Fest ein paar Nachtschichten einlegen. Denn bis zu 30 Stunden dauert es, bis eine Kuh beim Almabtrieb als Kopfschmuck eine sogenannte Fuikl tragen kann.

Bootfahren ist natürlich auch die hauptsächliche Freizeitbeschäftigung der täglich bis zu 5000 Königssee-Besucher. Da trifft es sich hier im Natio-

nalpark gut, dass die 18 Schiffe bereits seit gut 100 Jahren mit leisen Elektromotoren fahren. Prinzregent Luitpold hatte das damals eingeführt – allerdings nicht, um die Natur zu schützen, sondern um das Rotwild in seinem Lieblings-Jagdrevier zu halten. Schon nach zehnminütiger Fahrt stoppt das kleine Holzboot vor der legendären Echowand. Bevor der Bootsführer sein Flügelhorn zum Blasen ansetzt, scherzt er: „Hoffentlich sitzt meine Schwester schon in der Wand, damit sie uns das passende Echo zurücktrompeten kann." Der bekannte Volksschauspieler Gustl Bayrhammer spielte nämlich einst in den „Weißblauen Geschichten"

Der Aufstieg auf den Jenner wird mit diesem herrlichen Blick
auf Watzmann und Königssee belohnt

**„Wen Gott liebt,
den lässt er fallen
in dieses Land."**

Ludwig Ganghofer, Schriftsteller

das Echo vom Königssee und rief den Leuten quasi als ihr schlechtes Gewissen freche Antworten zurück. Ein Gast hat deshalb gleich die passende Antwort: „Ich hab Deiner Schwester schon gesagt, sie soll heute mal zur Abwechslung eine andere Melodie als die Deine zurückspielen." Die Passagiere lachen, und ein Hund begleitet das Trompetensolo mit ausgiebigem Gejaule.

Eine halbe Stunde später ist dann auch eines der meistfotografierten Motive erreicht: St. Bartholomä, die barocke Wallfahrtskirche mit ihren weithin bekannten weinroten Zwiebeltürmen. Gleich nebenan dampft es aus der 400 Jahre alten Räucherkammer.

Der einzige Fischer vom Königssee bereitet nach alter Tradition sogenannte Schwarzreiter, kleine Seesaiblinge, zu. Eine Spezialität, die es nur hier gibt.

Das smaragdgrüne Gewässer besitzt zwar Trinkwasserqualität, doch das Baden hat sich für die meisten schnell erledigt, denn selten reicht die Wassertemperatur über 15 Grad. „Da gehst als Prinz hinein und kommst als Prinzessin wieder raus," scherzt der Bootsführer, und weil eine Dame gar so lacht, fügt er noch hinzu: „Nein, gute Frau, umgekehrt funktioniert es leider nicht." Ortskundige erfrischen sich ohnehin lieber in wassergefüllten Steinbecken, sogenannten Gumpen,

Königssee: Am Malerwinkel genießen
Hartgesottene gern mal eine Erfrischung

die sich in einigen Metern oberhalb des Sees zwischen Malerwinkel und Kessel befinden. Diese schattigen ruhigen Plätzchen sind Geheimtipps, die man sich bei den Einheimischen erst erarbeiten muss. Genauso wie den nötigen Respekt vor der Watzmann-Ostwand, die gleich hinter St. Bartholomä fast senkrecht in den Himmel ragt.

Der Schicksalsberg

„Groß und mächtig, schicksalsträchtig. Um seinen Gipfel jagen Nebelschwaden!", so dramatisch beginnt eines der bekanntesten Musicals von Wolfgang Ambros über den König der Königsseeregion, den Watzmann. Vor allem

seine imposante Ostwand, die mit 1800 Metern die höchste und die gefährlichste Felswand der Ostalpen ist, hat seit ihrer Erstdurchsteigung 1881 schon mehr als 100 Todesopfer gefordert. Keiner kennt die Wand besser als Heinz Zembsch, denn keiner als der Bergführer aus Bischofswiesen ist sie öfter geklettert: mehr als 400 Mal.

Glaubt man dem Musical, zieht es die Bergfexe geradezu magisch „aufi", wenn der Watzmann ruft. Auch Heinz Zembsch ist schon mit 14 Jahren von Zuhause los, um den Watzmann zu bezwingen. Heute, mit 72, ist er unter Bergsteigern in ganz Deutschland als Hausmeister der Ostwand bekannt,

weil er in seinem Revier jeden Stein kennt. Steinschlag ist hier nicht die einzige Gefahr für die Bergsteiger. Es ist wohl die gewaltige Dimension der Ostwand, die viele unterschätzten. „Bei den meisten hapert es nicht an der technischen Ausrüstung, sondern an der physischen und mentalen Kondition", sagt Zembsch. Denn allein für den Aufstieg muss man zwischen sechs und acht Stunden rechnen.

Zum Watzmanngipfel führt keine Seilbahn, und im Winter stört kein Liftbetrieb die Stille. Mit Gründung des einzigen alpinen Nationalparks in Deutschland, wurden solche Pläne schon in den 1970er-Jahren vereitelt

Berchtesgadener Alpen: Spiegelung des Schottmalhorn im Funtensee

und dem König der Berge damit der Massenansturm samt alpinem Funpark erspart. Oben am Gipfelgrat kann es sogar das ganze Jahr über schneien. Hier haben sich Tragödien ereignet, wenn eisiger Sturm den erschöpften Bergsteigern die letzte Kraft nahm. Heinz Zembsch hat viele Freunde und Bekannte am Watzmann verloren. Und jedes neue Drama scheint den Mythos vom Watzmann als Menschen fressender Berg nur zu bestätigen. Zembsch selbst hat es aber ausgerechnet beim Sturz daheim in seiner Scheune einst so böse erwischt, dass er sich mehrere Rückenwirbel brach. Wenig später zog er sich einen Schädelbruch zu, als ihn ein Schneebrett auf dem Damavand im Iran vom Berg riss. Sein Sohn kam als Bergführer mit Anfang 20 am Ortler ums Leben.

Doch Zembsch lässt die Bergleidenschaft nicht los. „Manchmal glaub ich, alles ist vorherbestimmt", hat er vor Jahren zu Protokoll gegeben. „Du gehst durch die Hölle, und nichts passiert. Ein anderes Mal erwischt es dich im leichten Gelände." Dabei ist er eigentlich kein Mann großer Worte. Am Berg zählen ohnehin mehr die Taten. Deshalb heißt die Devise für alle Watzmannbezwinger: steigen und schweigen.

Berg mit Weitblick

Der Obersalzberg war Hitlers Alpenfestung. Heute leistet ein Dokumentationszentrum gezielte Aufklärungsarbeit – und der Freistaat ließ sogar ein Luxushotel errichten.

Wer die Vergangenheit nicht kennt, kann die Gegenwart nicht verstehen und die Zukunft nicht gestalten. Im Sinne dieser allgemeingültigen Feststellung wurde 1999 das Dokumentationszentrum am Obersalzberg als quasi steingewordenes Bollwerk gegen die unselige Geschichte dieses Areals errichtet. Galt es doch Assoziationen mit jenen Jahren zu vermeiden, die das gesamte Gebiet einst ideologisch verminte. In schönster Bergpanoramakulisse hatte sich die Führungsriege des Nazi-Regimes um Hitlers Berghof herum ihre Ferienhäuser bauen lassen. Es galt als besondere Auszeichnung hier im Führersperrgebiet von Hitler oder der inoffiziellen Hausherrin Eva Braun im privaten Rahmen empfangen zu werden.

Nach dem Krieg ließen die US-Streitkräfte den Großteil der Gebäude zerstören. Wallfahrer rechter Gesinnung wollte man auf keinen Fall hier haben, weshalb sich das Dokumentationszentrum für Zeitgeschichte in einer Dauerausstellung mit den verschiedenen Facetten des NS-Regimes auseinandersetzt. 2005 ließ der Freistaat auch ein Luxusresort errichten. Es soll dazu beitragen, dass der Obersalzberg wieder wird, was er einst war – eine beliebte Fremdenverkehrsregion. Denn Tourismus auf dem Obersalzberg ist keine neue Idee, ließ doch bereits in den 1870er-Jahren Mauritia Mayer hier die „Pension Moritz" eröffnen und wurde damit zur Pionierin des Tourismus. Vor allem Kultur- und Wirtschaftsprominenz machten seinerzeit das Gros der Gäste aus. Und so ist es nur folgerichtig, wenn auf dem Berg der einstigen Nazi-Elite nun längst wieder die Kosmopoliten eingekehrt sind.

Wanderer auf
dem Weg durchs
Klausbachtal

Kein Gebirge ohne Wasserfall:
Almbachklamm bei Marktschellenberg
(oben). Noch nicht so ganz ein Wildwasser:
Rafting auf der Berchtesgadener Ache
bei Marktschellenberg (unten)

Blick vom Malerwinkel auf die Ramsauer Kirche St. Sebastian
an der Ramsauer Ache

ALMLEBEN

Wilde Heimat

Almen prägen seit Generationen das Leben im Berchtesgadener Land. Im einzigen Alpen-Nationalpark Deutschlands müssen Naturschutz, Landwirtschaft, Kulturpflege und Verwilderung harmonieren. Ein Besuch auf der Bindalm im Klausbachtal.

Im morgendlichen Licht zeigen die mächtigen Mühlsturzhörner, warum man sie auch die Ramsauer Dolomiten nennt. Golden leuchten die markanten Zackenberge in der aufgehenden Sonne über dem Klausbachtal. Wenn am Vormittag die ersten Wanderer auf der Bindalm eintreffen, um sich mit selbst gemachtem Schüsselkäse und Buttermilch zu stärken, hat die Sennerin schon einige Stunden harter Arbeit hinter sich. Im Sommer heißt es auf der Alm früh aufstehn, denn sobald es hell wird, stehen bereits ab vier Uhr morgens die Kühe vor der Hütte und warten darauf, gemolken zu werden. Die Bindalm liegt am Ende des Klausbachtals und ist eine typische Nachtweide, bei der das Vieh tagsüber im Stall und in der Nacht draußen ist. Die Kühe haben so vor lästigen Insekten ihre Ruhe und vor allzu neugierigen Touristen auch. Denn als die Tiere noch den Tag über draußen verbrachten, hätten so manche Besucher sich schon mal an einer ihrer Kühe zu schaffen gemacht und versucht, sie mit der Hand zu melken, erzählt Marianne Schmuck.

Diagnose übers Telefon

Die Sennerin verbrachte 1954 ihren ersten Almsommer auf der Bindalm, da war sie gerade mal 19 Jahre. Das

Wegkreuz: Auf der Bindalm wird noch auf höheren Beistand vertraut (oben). Bewirtschaftete Almhütte Kressenkaser auf der Bindalm (links)

tüchtige Mädel aus Maria Gern war für die Kühe und Kälber des Bauern vom Kressenlehen in Bischofswiesen verantwortlich, bis sie den jungen Bauern heiratete und selbst Bäuerin wurde. „Melken, buttern, Käse machen – alles musste damals von Hand erledigt werden. Strom gab es noch keinen", sagt Marianne, die immer froh war, dass sie nie ganz alleine auf der Alm war. Vier Hütten, sogenannte Kaser, gab es seinerzeit noch auf der Bindalm, wovon heute nur mehr zwei bewirtschaftet sind. Krank war Marianne in all den Jahren hier oben nur ein Mal. Zum Doktor runter ins Tal gehen, kam aber überhaupt nicht in Frage. Schließlich hatte sie seit 1994 einen Telefonanschluss. „Jetzt huste mal ins Telefon", bat der Arzt seine Patientin, lauschte kurz und hatte gleich die Diagnose parat: Bronchitis. Ihr altes bäuerliches Wissen um die Heilkräfte von Pflanzen und Kräutern brachte die Sennerin aber schon bald wieder auf die Beine.

Ungewohnte Freiheiten

Doch jetzt im Alter von 80 Jahren muss sich Marianne schweren Herzens eingestehen, dass die Kühe mittlerweile stärker sind als sie. Deshalb half in den Sommerferien erstmal Enkelin Moni mit. Die Dreißigjährige erinnert sich gerne an ihre Kindheit bei der Oma auf der Bindalm. Fernsehen gab es keines, deshalb musste man für die Unterhaltung selber sorgen. Moni tobte ungestört über die wilden Almwiesen, badete in sogenannten Gumpen, natürlichen steinernen Wasserbecken. „Heute dürfen Kinder immer weniger, und wenn sie groß sind, sollen sie plötzlich alles können", sagt die heutige Erzieherin, die inzwischen selber einen Sohn hat und mit ihrer Familie auf den Obersalzberg gezogen ist. Deshalb hat Marianne nun zum ersten Mal eine Helferin engagiert. Martina kam im vergangenen Jahr als Touristin auf die Bindalm, wo es ihr so gut gefallen hat, dass sie in ihrem Job als Verkäuferin mal Pause machen wollte, um für einen Almsommer lang als Sennerin zu arbeiten. Nun kümmert sich die Fünfzigjährige jeden Tag um zwei Milchkühe und sieben Jungtiere.

Zwei Hütten werden hoch über dem Klausbachtal bewirtschaftet – hier die Nachbarhütte (oben). Vier Generationen trafen sich zu diesem Almsommer auf der Bindalm (unten)

Brunnen auf der Bindalm
im Klausbachtal, dahinter
die Mühlsturzhörner
der Reiter Alm

Einzigartige Kulturlandschaft

Die Bindalm ist Teil des 1978 gegründeten Nationalparks Berchtesgaden. Zwar wird die Natur hier im Prinzip sich selbst überlassen, aber die Almwirtschaft darf gleichzeitig noch auf traditionelle Weise erfolgen, weil man die bis ins 14. Jahrhundert zurückreichenden Erbrechte der Bauern bei Gründung des Nationalparks berücksichtigen musste. Ohne die Kühe wären die Almwiesen zudem schnell wieder von Bergwald bewachsen, und eine mittlerweile einzigartige Kulturlandschaft mit seltenen Pflanzen und Tieren würde für immer verschwinden.

Ursprünglich hatte die Almwirtschaft damit begonnen, dass die Bauern das Vieh im Sommer von ihren Höfen in die Berge trieben, weil im Tal das Futter nicht reichte. Heute hält man aus Gründen der Tradition und auch wegen der besseren Qualität von Milch und Fleisch daran fest. Denn das Gras auf der Alm ist feiner als das im Tal und reicher an Kräutern und Almblumen. Die Almfläche der Kaser ist allerdings meist vergleichsweise klein und die Verköstigung der Wanderer mit Produkten aus eigener Herstellung daher ein willkommenes Zubrot.

Doch egal ob bei Marianne, Martina oder Moni – über alle Generationen hinweg ist eines immer gleich geblieben: Für die Sennerinnen bedeutet eine Alm immer harte Arbeit. Für die Gäste ist sie dagegen Erholungs- und Rückzugsort. Hektische Großstädter finden meist aber erst langsam in die Stille. Doch dann merken auch sie: Hier steht die Zeit zwar nicht still, aber hier geht sie noch genau richtig.

Informationen

Zu Fuß: Wandern auf die Bindalm in 2 bis 2,5 Std. vom Klausbachhaus, der Informationsstelle des Nationalparks Berchtesgaden.

Mit dem Bus: Zwischen dem Hintersee in Ramsau und der Gemeinde Lofer in Österreich verkehrt von Mai bis Okt. der Almerlebnisbus. Von der Haltestelle Bindalm oder Hirschbichl sind es nur wenige Minuten (www.almerlebnisbus.com).

Unterkunft: Die Bindalm bietet keine Übernachtungsplätze, jedoch der Bauernhof Kressenlehen in Bischofswiesen, zu dem die Alm gehört (Kressenweg 16, 83483 Bischofswiesen, Tel. 08652 14 11, www.kressenlehen.de).

Senner auf Zeit: Der Almwirtschaftliche Verein Oberbayern vermittelt Almpersonal (www.almwirtschaft.net).

Marianne, Moni und ihr
einjähriger Sohn Andreas

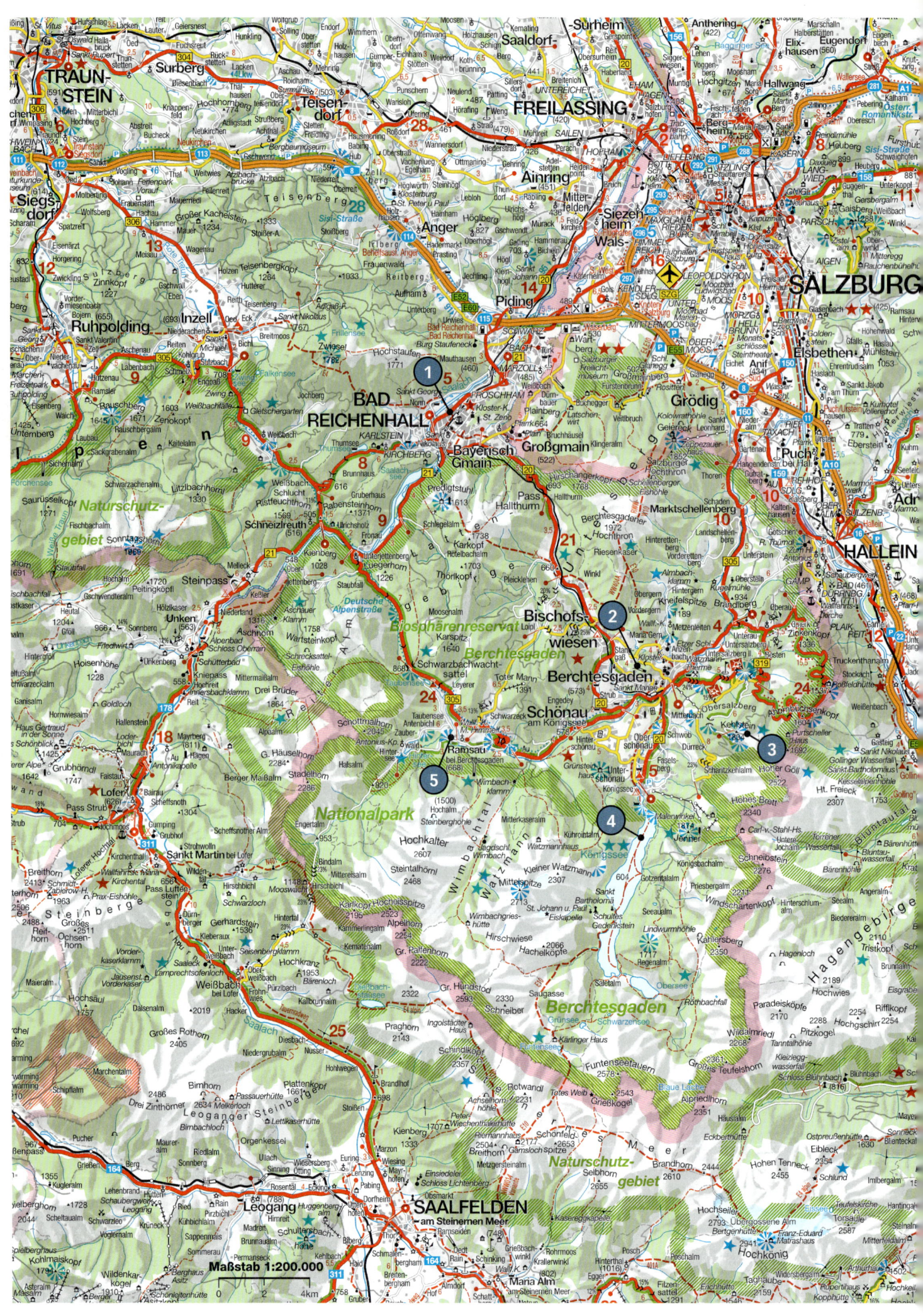

Einfach königlich

Vom König der Berge, dem Watzmann, bis zum Königssee trumpft das Berchtesgadener Land mit einer Landschaft der Superlative auf. Wo früher bayerische Könige gern zur Jagd gingen, warten auch heute noch spektakuläre Naturerlebnisse und hochkarätige Sehenswürdigkeiten.

① Bad Reichenhall

1890 verlieh Prinzregent Luitpold der Stadt (17 100 Einw.) das Prädikat „Bad". Viele historische Bauten erinnern an jene Zeit, als es in der feinen Gesellschaft angesagt war, hier zu kuren. Dank zahlreicher Solequellen floriert bis heute der Kurbetrieb. Die Saline produziert jedes Jahr etwa 300 000 Tonnen, überwiegend Speisesalz. Die Salzgewinnung reicht bis in die vorchristliche keltische Zeit zurück und war über Jahrhunderte Grund für teils gewaltsame Auseinandersetzungen mit Salzburg.

SEHENSWERT

Mittelpunkt des **Kurviertels** sind **Kurgarten,** 1868 von Carl Effner angelegt, neubarockes **Königliches Kurhaus** (1900), in dem heute Konzerte, Bälle und Kongresse stattfinden, das **Kurmittelhaus** (1928, Jugendstil), das sich gesundheitlichen Aspekten widmet, das **Gradierhaus** (1910), ein Freiluftinhalatorium (April bis Okt.), die neubarocke **Trinkhalle** (1912) und die Alte Saline (1840–1851). Zum **Kloster St. Zeno,** urspr. Augustiner-Chorherrenstift, gehört das Münster aus dem 12. Jh., die größte romanische Basilika im südl. Bayern.

Tipp

Dem Salz auf der Spur

....

Der Salzalpensteig führt vom Chiemsee über den Königssee bis an den Hallstädter See im benachbarten Österreich. Der 233 km lange Weg folgt auf 18 Tagesetappen den Spuren des Salzes, einst eines der kostbarsten Handelsgüter der Alpenregionen. Die Streckenführung ist in moderatem Schwierigkeitsgrad gehalten; die Wege können kombiniert oder abgekürzt werden. Der Wanderer erfährt Wissenswertes über Salzvorkommen, die Geschichte der Salzgewinnung und -verarbeitung sowie über die Orte entlang der Strecke.

SalzAlpenSteig und -Touren, Tel. 08652 69 05 49 www.salzalpensteig.com

Berchtesgadens Haus der Berge (links). Zu den Erlebnissen gehört ein Besuch im Salzbergwerk von Berchtesgaden (rechts oben). Ausflugsziel „Seewirt" am Thumsee (rechts unten)

MUSEUM

Die **Alte Saline** TOPZIEL ermöglicht einen Gang durch das historische Stollennetz, in dem noch Originalmaschinen, wie die riesigen Wasserräder im Brunnhaus, erhalten sind (www.alte-saline-bad-reichenhall.de; Mai–Okt. tgl. 10.00–16.00 Uhr, sonst Di.–Sa. 11.00 bis 15.00 Uhr). Der **Museumsshop** führt verschiedene Gourmet- und Wellness-Salze.

AKTIVITÄTEN

Die **Rupertus Therme** ist eine moderne Anlage, die sich als Wellness- und Familien-Center auf Sole und Salz spezialisiert hat (Friedrich-Ebert-Allee 21, Tel. 08651 76 22 0, www.rupertustherme.de; tgl. 9.00–21.00/ 22.00 Uhr).
Die **Predigtstuhlbahn** befördert als älteste Seilschwebebahn der Welt seit 1928 Gäste und steht unter Denkmalschutz (www.predigtstuhl bahn.de).

RESTAURANT

Das €€€ **Salin** im Salinengebäude bietet im Sommer salzige Festwochen (Alte Saline 2, Bad Reichenhall, Tel. 08651 717 49 07, www. salin-reichenhall.de).

INFORMATION

Tourist-Information, Kur-Gesellschaft Bad Reichenhall/Bayerisch Gmain, Wittelsbacherstraße 15, 83435 Bad Reichenhall, Tel. 08651 60 60, www.bad-reichenhall.de

② Berchtesgaden

Aus dem 1108 gegründeten Augustiner-Chorherrenstift wurde im 15. Jh. Deutschlands kleinstes Fürstentum, das dank der von Kaiser Friedrich I. Barbarossa verliehenen Forst- und Salzrechte zu Wohlstand und 1803 nach der Säkularisierung als Marktgemeinde Berchtesgaden (heute 7700 Einw.) 1810 zu Bayern kam.

SEHENSWERT

Am **Marktplatz** finden sich der **Löwenbrunnen** (1558) und das **Hirschenhaus** (16. Jh., Marktplatz 3) mit einer der ältesten Fassadenmalereien Oberbayerns, die menschliche Laster in Affengestalt zeigt.
Das **Schloss** ist von verschiedenen Stilrichtungen (Romanik, Gotik, Barock, Rokoko) geprägt.

Das einstige Stift diente nach 1818 den Wittelsbachern als Jagdschloss und bis heute als Wohnsitz (www.schloss-berchtesgaden.de; Führungen Mai–Okt. So.–Fr. 10.00–13.00 und 14.00–17.00, sonst Mo.–Fr. 11.00 und 14.00 Uhr).

MUSEEN

Vor 500 Jahren nahm das älteste aktive **Salzbergwerk** TOPZIEL Deutschlands seine Arbeit auf und gewinnt bis heute jährlich 850 000 m³ Sole. Besucher können Teile des Salzbergwerks im Bergwerkszug, über Holzrutschbahnen und auf einer Bootsfahrt über einen unterirdischen Salzsee erkunden (www.salzbergwerk.de; Führungen Mai–Okt. tgl. 9.00–17.00, sonst tgl. 11.00–15.00 Uhr). Das **Nationalparkzentrum Haus der Berge** ist interaktives Informations- und Bildungszentrum rund um den Nationalpark (Hanielstraße 7, www.haus-der-berge. bayern.de; tgl. 9.00–17.00 Uhr).

AKTIVITÄTEN

Der **Salzheilstollen,** ein abgeschlossener Bereich innerhalb des Salzbergwerks, bietet 45 Personen auf Liegen Platz für Entspannung und Atemgesundheit (www.salzheilstollen. com; auch Übernachtungen und Konzerte).

VERANSTALTUNGEN

Wilde, glockenbehängte Gestalten in Fell und Stroh, **Buttenmandl und Kramperl,** begleiten den Nikolaus am 6./7. Dez. Zur Tradition gehört das Böllerschießen der **Weihnachtsschützen** ab dem 17. Dez.

> **Tipp**
>
> # Autokino mit Alpenpanorama
>
> ....
>
> Auf einer Landpartie können Cabriolet-Fahrer in historischen VW-Käfern eine Zeitreise durch die bayerische Alpenlandschaft erleben. Der Münchner Oldtimer-Veranstalter Nostalgic bietet für Freunde des gepflegten Fahrvergnügens eine Tour durchs Berchtesgadener Land im VW Käfer 1303 Cabriolet zum Selbstfahren inklusive Unterkunft, Verpflegung und Versicherung an.
>
> Nostalgic, Balanstraße 73, Gebäude 35, 81541 München, www.nostalgic.de

EINKAUFEN

Die **Enzianbrennerei Grassl** besitzt seit dem 17. Jh. das Recht, nach den geschützten Enzianwurzeln im Nationalpark zu graben und bietet eine große Auswahl an Enzian-Schnäpsen (Salzburger Straße 105, www. grassl.com; auch Besichtigungen).
Das **Café Spießberger** fertigt als Mitbringsel Watzmannpralinen in verschiedenen Geschmacksrichtungen (Maximilianstraße 11, www.spiesberger-cafe.de).

Dokumentationszentrum auf dem Obersalzberg (rechts oben und unten). Eines der Ausflugsziele in Berchtesgaden: Kehlsteinhaus (oben links)

HOTEL UND RESTAURANT

Das €€€€ **Hotel Edelweiss** direkt im Stadtzentrum bietet vom Rooftop-Wellness-Bereich, Alpenpanorama und Altstadtblicke (Maximilianstraße 2, 83471 Berchtesgaden, Tel. 08652 97 99 0, www.edelweiss-berchtesgaden.com). Das €€ **Bräustüberl** ist ein 1645 erbautes Traditionswirtshaus mit Biergarten und ausgefallenen bayerischen Schmankerln (Bräuhausstraße 13, Tel. 08652 97 67 24, www.braeustue berl-berchtesgaden.de).

UMGEBUNG

Die **Schellenberger Eishöhle** am Untersberg ist von Marktschellenberg aus (10 km nördl.) in einer ca. 3-Std.-Bergtour zu erreichen (www. eishoehle.net; Führungen Ende Mai–Ende Okt. tgl. 10.00–16.00 Uhr). Am Eingang zur Almbachklamm in Marktschellenberg arbeitet im Sommer Deutschlands älteste **Marmorkugelmühle** (1683; Kugelmühlweg 18, www.gast haus-kugelmuehle.de).

INFORMATION

Tourist-Information, Kongresshaus, Maximilianstraße 9, 83471 Berchtesgaden, Tel. 08652 94 45 30 0, www.berchtesgaden.de

③ Obersalzberg

Der Obersalzberg war ab 1923 Hitlers Feriendomizil und nach 1933 neben Berlin zweiter Regierungssitz.

SEHENSWERT

Das **Dokumentationszentrum** (www.obersalzberg.de; Mo.–So. 9.00–17.00 Uhr, siehe Special S. 70) bietet einen Blick zurück, das **Kehlsteinhaus** (Eagle's Nest) als historischer Aussichtspunkt einen überwältigenden Blick auf das gesamte Berchtesgadener Land.

HOTEL UND RESTAURANT

Das €€€€ **Kempinski Berchtesgaden** bietet in der Abgeschiedenheit des Obersalzbergs perfekten Panoramablick, großes SPA und das mit einem Michelin-Stern ausgezeichnete **Le Ciel** (Hintereck 1, 83471 Berchtesgaden, Tel. 08652 97 55 0, www.kempinski.com).

UMGEBUNG

Obgleich hier keine politischen Entscheidungen fielen, galt das **Kehlsteinhaus** vielen als

Gipfel der Macht. Das Gebäude wurde 1937/ 1938 über schroffen Steilwänden errichtet, eine Serpentinenstraße in unwegsames Gelände und ein goldglänzender Aufzug in den Berg gebaut. Das Haus, seit 1952 als Berggasthaus geführt, ist nur per Bus erreichbar (Tel. 08652 20 29, www.kehlsteinhaus.de; Mai–Okt.) Am Obersalzberg beginnt die **Rossfeldstraße,** 15 km Serpentinen und bombastische Bergpanoramen (www.rossfeldpanoramastrasse.de).

INFORMATION

Tourist-Information, Kongresshaus, Maximilianstraße 9, 83471 Berchtesgaden, Tel. 08652 94 45 30 0, www.berchtesgaden.de

④ Königssee

Der Königssee gehört zur Gemeinde Schönau. Er ist fjordartig zwischen steilen Berghängen am östlichen Fuß des Watzmanns eingebettet und mit 192 m tiefster See Bayerns.

SEHENSWERT

Neben dem See selbst sind die Attraktionen die **Echowand** und die **Wallfahrtskirche St. Bartholomä** (17. Jh.). Der Röthbachfall am Obersee ist mit einer Gesamtfallhöhe von 470 m der höchste Wasserfall Deutschlands.

AKTIVITÄTEN

Elektroboote TOPZIEL bringen Königssee-Besucher von der Seelände in Schönau nach St. Bartholomä und weiter zur Saletalm. Von Mitte Okt. bis Mitte April wird nur St. Bartholomä angefahren (www.seenschifffahrt.de). Von St. Bartholomä reizt eine Wanderung zur **Eiskapelle** (1,5 Std.), einer Eishöhle im Schneefeld am Fuß der Watzmannostwand. Auf der **Bob- und Rodelbahn** am Königssee kann man im Rennbob-Taxi mit 130 km/h im original Viererbob und mit einem erfahrenen Piloten am Steuer durch den Eiskanal rasen wie die Berchtesgadener Rennrodel-Legende Hackl Schorsch (An der Seeklause 43, Schönau am Königssee, www.eisarena-königssee.de). Mit der **Jennerbahn** geht es aufs Hochplateau (1802 m) mit herrlichem Blick auf den Königssee (www.jennerbahn.de).

VERANSTALTUNGEN
Beim **Almabtrieb** TOPZIEL (Ende Sept.–Mitte Okt.) werden die Kühe auf Boote verladen und über den Königssee gefahren.

HOTEL UND RESTAURANT
Das klimaneutrale €€ **Explorer Hotel Berchtesgaden** bietet funktionale Design-Zimmer und ein Sport-Spa (Hofreitstraße 7, 83471 Schönau am Königssee, Tel. 08652 97 71 50 0, www.explorer-hotels.com).
Im **Fischerstüberl** bietet der einzige Königssee-Fischer Mitte April bis Ende Okt. seinen Fang an. Spezialität ab Ende Aug.: geräucherte Saiblinge (St. Bartholomä 3, Schönau, Tel. 08652 31 19, www.fischervomkoenigssee.de).

INFORMATION
Tourist-Information, Seestraße 3, 83471 Schönau am Königssee, Tel. 08652 65 59 80, www.koenigssee.com

⑤ Ramsau

Das Dorf (1800 Einw.) gilt als erstes Bergsteigerdorf Deutschlands, das sich ganz dem sanften Tourismus, Naturschutz und einer nachhaltigen Landwirtschaft verschrieben hat.

SEHENSWERT
Naturliebhaber reisen seit jeher in das kleine Dorf, um sich an Bergen, Zauberwald und Hintersee zu erfreuen. Landschaftsmaler fanden unzählige Motive. Die **Pfarrkirche St. Sebastian** (1512) erlangte so besondere Bekanntheit.

AKTIVITÄTEN
Der **Malerweg** führt durch den sagenumwobenen Zauberwald bis an den Hintersee. Auf Schautafeln kann man an bevorzugten Malerstandpunkten die Motive in natura bewundern und vor Ort mit den Gemälden vergleichen. In Ramsau beginnt ein Aufstieg zur **Watzmannüberschreitung** TOPZIEL über das Watzmannhaus (Übernachtungsmöglichkeit): eine hochalpine Tour (10–12 Std.) für erfahrene Bergsteiger.

HOTEL UND RESTAURANT
Das familiengeführte, klimaneutrale €€€ **Berghotel Rehlegg** legt auf Umweltengagement Wert. Es verfügt über ein Almwies'n Spa, Innen- wie Außenpool. In den Restaurants wird Regionales verarbeitet (Holzengasse 16, 83486 Ramsau, Tel. 08657 98 84 0, www.rehlegg.de).

INFORMATION
Tourist-Information, Im Tal 2, 83486 Ramsau, Tel. 08657 98 89 20, www.ramsau.de

Genießen   Erleben   Erfahren

Sieben auf einen Streich

Der Berchtesgadener Talkessel wird umrahmt von sieben hohen Gebirgsstöcken. Nach dem Vorbild der sieben höchsten Gipfel der Erde, den Seven Summits, lassen sich auch hier großartige Gipfelbesteigungen erleben. Man sollte sich aber auf jeden Fall einer professionell geführten Bergtour anvertrauen. Hier die leichtesten Anstiege auf die Berchtesgadener Seven Summits mit Aufstiegszeiten:

Berchtesgadener Hochthron (1973 m): über Maria Gern, Störweg zum Störhaus auf den Berchtesgadener Hochthron (etwa 3,5–4,5 Std.)

Hoher Göll (2522 m): von Parkplatz Hinterbrand durchs Alpeltal auf den Hohen Göll (etwa 5–6 Std.)

Großes Teufelshorn (2362 m): mit dem Schiff über den Königssee nach Salet, weiter über den Röthsteig Wasseralm (Übernachtungsmöglichkeit) aufs große Teufelshorn (etwa 8–10 Std.)

Watzmann (Mittelspitze 2713 m): von der Wimbachbrücke über Mitterkaseralm aufs Watzmannhaus (Übernachtungsmöglichkeit), weiter über Hochstieg, Hocheck, zur Mittelspitze (etwa 6–8 Std.)

Hochkalter (2607 m): vom Parkplatz Hintersee über die Blaueishütte (Übernachtungsmöglichkeit) , weiter über den schönen Fleck Kleiner Kalter zum Hochkalter (etwa 6–8 Std.)

Stadelhorn (2287 m): vom Parkplatz Klausbachhaus Richtung Hirschbichl Richtung Halsalm und Böslsteig in die Mühlsturzgrube Richtung Traunsteiner Hütte (Übernachtungsmöglichkeit) zum Stadelhorn (etwa 7–8 Std.)

Karkopf (1738 m): vom Parkplatz Klausbachtal über die Bergwachthütte zum Karkopf (etwa 4–5 Std.)

Weitere Informationen

Berchtesgadener Bergführerverein: In Deutschlands ältestem Bergführerverein arbeiten ausschließlich staatlich geprüfte Berg- und Skiführer. Angeboten werden auch Tagestouren (Berchtesgadener Straße 21 83483 Bischofswiesen, Tel. 08652 978 96 90, www.berchtesgadener-bergfuehrer.de)
Alpine Auskunft: Der Deutsche Alpenverein (DAV) informiert in Berchtesgaden von Mitte Mai bis Okt. zu Touren- und Wetterbedingungen vor Ort (Bergsteigerhaus Ganz, Watzmannstraße 4, 83483 Bischofswiesen, Tel. 08652 976 46 11, www.dav-berchtesgaden.de)

Bergsteiger auf dem Watzmanngrat vom Hocheck zur Mittelspitze

Auf einen Sprung ins Landidyll

Der Rupertiwinkel rund um den Waginger See liegt noch im touristischen Dornröschenschlaf. Vor den Toren Salzburgs gelegen, verweist sein Name noch heute auf die Jahrhunderte der Verbundenheit zu Salzburg und dessen ersten Bischof Rupert. Viele alte Sitten und Gebräuche haben sich vor allem in den dörflichen Gemeinden erhalten. Regionalität steht hoch im Kurs, weshalb etliche kleine Betriebe ihre Produkte erfolgreich gemeinsam vermarkten.

Fahnenschwinger zu Beginn des traditionellen Schwerttanzes auf dem Traunsteiner Stadtplatz am Ostermontag

Heimat ist oftmals kein Ort, sondern ein Gefühl. Und was für eins. Wie wild wirbeln die Dirndlröcke durch die Luft und mit jauchzendem Geschrei platschen die Mädels in voller Montur in den See. Die nächsten Dirndlträgerinnen lassen nicht lange auf sich warten. Auf dem Sprungbrett nehmen sie Anlauf und landen unter tosendem Applaus mit kuriosen Drehern im Wasser. Dirndlflug nennt sich der Wettbewerb, der jeden Sommer beim Strandkurhaus am Waginger See stattfindet und bei dem eine Jury die originellsten Sprünge und Kreationen prämiert.

„Gute Zeit und schlechte Zeit – gehn vorüber alle beid."

Spruch an einer Hausfassade in Waging

Als Initiator Gerhard Gössl vor Jahren eine Frau im Salzkammergut samt Dirndl mit heller Freude in einen See springen sah, war für den Trachtenhersteller die Idee zum Dirndlflugtag geboren. Ein Exportschlager, der es bis an den Waginger See geschafft hat, schließlich ist der mit Wassertemperaturen von sommerlichen 27 Grad der wärmste See Oberbayerns. Da muss selbst in nasser Kleidung so schnell keiner frieren. Was vor einigen Jahren noch als witzige Idee begann, ist inzwischen Kult – nicht nur bei Mädels. Auch gestandene Burschen wie Sepp und Franz machen mit. Nicht etwa in der Lederhosen, sondern auch in Dirndln, die sie sich ausgeborgt haben. „Wir wollen halt auch eine Gaudi haben", sagt der Sepp und springt mit einer so deftigen Arschbombe ins Wasser, dass es nur so spritzt.

Schönstes Dorf im Königreich

Heimat ist längst Trend. Schließlich gilt es bei den Jungen als cool, Tracht als Alltagsgewand zu tragen, und gerne

Die Entdeckung von 45 000 Jahre alten Mammut-Knochen führte zum Entstehen des Naturkunde- und Mammut-Museums Siegsdorf, das außerdem eine Privatsammlung mit Versteinerungen aus dem Chiemgau zeigt (oben). Obstblüte im Bergerhof in Marwang bei Grabenstädt (unten)

Die vergoldete Muttergottes
auf Angers Mariensäule wurde
1884 im benachbarten Achthal
gegossen. Ihre doppelte
Zwiebelhaube erhielt Angers
Pfarrkirche St. Mariä Himmelfahrt
im Zuge der Barockisierung
im 18. Jahrhundert

Das 1817 aufgelöste Kloster Höglwörth liegt dekorativ
auf seiner Halbinsel im Höglwörther See

In Bayern gibt es noch
vielerorts traditionsreiche
Trachtenwallfahrten – hier
bei der Wallfahrtskirche
Maria Eck in Siegsdorf

Mit Georgiritt werden Pferdewallfahrten
zu Ehren des hl. Georgs bezeichnet.
Der Traunsteiner Ritt am Ostermontag
ist mittlerweile eine alte Tradition

Seit einigen Jahren werden im Anschluss an traditionelle Georgiritte
Umzüge veranstaltet – so auch in Traunstein

Und es gibt historische Aufführungen wie den Schwertertanz:
beim Georgiritt in der Innenstadt von Traunstein

Pilgerwege

Special

Mit Gottes Segen

···

Als altes Kulturland ist Oberbayern mit seinen Kirchen und Klöstern unübersehbar vom christlichen Glauben geprägt. Und so verlaufen auch viele Pilgerwege durch Chiemgau und Berchtesgadener Land.

Den Anfang macht der voralpine Jakobsweg, der in Ost-West-Richtung von Salzburg über den Chiemsee nach Peißenberg (270 km) führt, führt. Gefolgt vom Benediktweg (224 km), der die Stätten der Kindheit und Jugend von Joseph Ratzinger verbindet, von seinem Geburtsort Marktl am Inn zu seinen Wohnorten Tittmoning, Aschau am Inn und Traunstein. Bis hin zum St.-Rupert-Pilgerweg (369 km) von Passau, München in Richtung Salzburg. Schließlich geht die Bezeichnung Rupertiwinkel auf eben jenen Rupert zurück, der bis heute gerne mit einem Salzfass dargestellt wird. Denn der Salzheilige bekam einst von Herzog Theodor die Reichenhaller Quellsalinen als mate-

Ettendorfer Kircherl, eine der Pilgerstationen

rielle Basis für die Neuchristianisierung. Was viele Menschen zum Pilgern treibt, reicht von wirklicher Spiritualität bis hin zur diffusen Sehnsucht nach Selbstfindung, Abenteuer, sportlichem Ehrgeiz oder einfach nur dem Gefühl dabei zu sein. Schließlich ist Pilgern eine besondere Art zu wandern, eine moderne noch dazu. Deshalb halten es viele wie der Komiker und Pilgerbuchschreiber Hape Kerkeling und sind dann einfach mal weg.

wird dabei auch mal ein Tattoo gezeigt. Selbst Punk-Designerin Vivienne Westwood schickte schon Modells in feschen Dirndln über den Laufsteg. „Würde jede Frau ein Dirndl tragen, gäbe es keine Hässlichkeit mehr", meint die Designerin aus London.

Und so gilt das Interesse der jungen Leute inzwischen auch zunehmend dem Regionalen, schließlich möchte jeder in einer globalisierten Welt mit eigenen Ideen und Projekten Individualität beweisen. Und wenn die Welt schon immer mehr zum Dorf wird, kann man eigentlich gleich im Dorf bleiben. Erst recht, wenn es sich um so einen schönen Ort wie Anger handelt, von dem schon König Ludwig I. 1841 schwärmte: „Von nun an ist hier das schönste Dorf in meinem Königreich!"

Der Dorfplatz schlechthin

Anger kann man wirklich kaum verfehlen, überragt doch ein markanter barocker Kirchturm weithin sichtbar die Landschaft. Dass dieses Dorf etwas Besonderes ist, sieht man sofort an seiner weitläufigen Rasenfläche mitten im Ortskern. Das Wort Anger war in den germanischen Sprachen gleichbedeutend mit einem grasbewachsenen Dorfplatz. Hier fanden schon immer Dorffeste statt, wurden die Tiere von Durchreisenden

Petersfeuer, eine Variante der Feuer zur Sommersonnenwende, brennen traditionell Ende Juni – hier in Nußdorf. Dabei wird oft eine Strohpuppe mitverbrannt, der „Peter". Niedergebrannt, beginnt das Feuerspringen. Dadurch, so der Volksglauben, habe man einen Wunsch frei.

Musikserenade vor Traunreuts Schloss Pertenstein (oben rechts). Tittmonings Stadtplatz schmücken mehrere Brunnen – darunter der Floriansbrunnen (oben links und unten)

Eine der Raumansichten von „European Couples", ein Kunstwerk von Dan Flavin in Traunreuts Museum „Das Maximum"

Die gotische Stiftskirche
Mariä Himmelfahrt in Laufen
an der Salzach gehört zu
den ältesten ihrer Zeit

Besonders schön ist der Kreuzgang der
Laufener Stiftskirche Mariä Himmelfahrt

Blick über die Salzachbrücke von Oberndorf in Österreich nach Laufen an der Salzach

Abendliches Sommerkonzert auf dem Rupertusplatz in Laufen an der Salzach

„Wer nia fest liabt
und a ned lacht,
wer wax und lez is
und koan Fehler macht,
wer nia guat ißt
und trinkt zugleich,
der is lebendig
scho a Leich!"

Spruch an einem Bauernhaus in Petting

geweidet, oder man hat das eigene Vieh hier über Nacht vor dem Schlachten zusammengetrieben. Vielerorts sind diese Freiflächen aus dem Dorfbild verschwunden und längst bebaut worden. In Anger gibt es diesen weitläufigen Rasendorfplatz noch. Um ihn reihen sich Wohn- und Handwerkerhäuschen mit Schopfwalmdächern und Holzbalkonen samt üppigem Blumenschmuck. Auf dem Platz selbst darf natürlich ein Maibaum nicht fehlen, und an sonnigen Tagen strahlt auf einer hohen Mariensäule die vergoldete Patrona Bavariae mit der Sonne um die Wette.

Spielzeugautos und Flaschlbrot

Doch nicht nur zur Kirchweih geht es rund auf dem Dorfplatz. 2012 haben es die Anger Bürger ins Guinnessbuch der Rekorde geschafft. Als in der Nachbarschaft der Ferdinand-Porsche-Enkel Hans-Peter Porsche ein großes Museum für seine historische Spielzeugsammlung bauen ließ, durchstöberten auch die Angerer ihre Keller und Speicher nach eingemotteten Spielzeugautos. Etwas Werbung für ihre Gemeinde und das neue Museum könnte nicht schaden, dachte der Bürgermeister, und als die Spielzeugautoschlange zweieinhalb Mal um den Dorfplatz reichte, war jedem klar, das ist Weltrekord: immerhin 9007

Spielzeugautos in einer 959,30 Meter langen Schlange.

Aber auch alte Traditionen wie das Aperschnalzen, das laute Peitschenknallen, um den Winter auszutreiben, das Schuhplattln oder das Kramperllaufen werden in der Gegend gepflegt. Filmemacher schwärmen, dass es hier noch jede Menge Plätze gibt, die nicht von Stromleitungen oder scheußlichen Wohnblöcken verunstaltet sind. Auch große Discounter findet man kaum, und es hat einen besonderen Reiz, in Hofläden oder auf einem Bauernmarkt einzukaufen. Ein Flaschlbrot zum Beispiel.

Öko ist ganz alltäglich

Flaschlbrot ist eine Backmischung aus biologischen Weizenvollkornsorten, die man zum Brotselberbacken in eine Flasche gefüllt hat. In der Region haben sich bereits acht Gemeinden zur staatlich anerkannten Öko-Modellregion zusammengeschlossen, denn die Nachfrage nach regionalen Lebensmitteln wächst. Touristisch schlummert die Gegend dagegen bisweilen noch im leichten Dornröschenschlaf. Allein deshalb gibt es noch viel zu entdecken. Es lohnt sich also, hier auf einen Sprung vorbeizuschauen. Es muss ja nicht gleich einer samt Dirndl in den Waginger See sein.

Die schönsten Seen

Paradiese für Wasserratten

Ein erfrischendes Bad vor imposanter Bergkulisse, eine luftige Fahrt im Bötchen oder im Segelschiff, so fühlt sich ein perfekter Sommer an. Im bayerischen Voralpenland gibt es Seen satt. Von schützenswerten Naturbiotopen, Moor- und Bergseen bis zum Bayerischen Meer ist für jeden Geschmack etwas dabei.

1 Königssee

Er ist der wirkliche König unter den Seen. Wie aus einem Bilderbuch leuchtet der smaragdgrüne Bergsee vor dem barocken Wallfahrtskirchlein St. Bartholomä und dem dahinter aufragenden Watzmann. Während der Bootsfahrt gibt es das legendäre Echo zu hören. Mit 192 m ist er der tiefste See Bayerns mit Wassertemperaturen von selten mehr als 15 Grad im Sommer.

www.koenigssee.com

2 Chiemsee

Mit einer Fläche von gut 80 km² ist der Chiemsee Bayerns größtes Binnengewässer. Die Chiemgauer nennen ihn deshalb auch das Bayerische Meer. Hinter seinen südlichen Ufern steigen die Zackenberge der Kampenwand unmittelbar aus der Ebene auf. Die Inseln Herren- und Frauenchiemsee sind Publikumsmagnete. Die besondere Lichtstimmung des Sees zog viele Künstler an.

www.chiemsee-alpenland.de

3 Eggstätt-Hemhofer Seenplatte

Das Naturparadies aus 17 kleinen Eiszeitseen ist Bayerns ältestes Naturschutzgebiet und auf einer Gesamtfläche von etwa 3,5 km² ein Biotop für seltene Pflanzen und Tiere, darunter 50 Libellenarten. Es ist auch ein Rückzugsort für Menschen, die einen See ganz für sich allein suchen. Baden ist an ausgewiesenen Stellen (Hartsee, Langbürgner See, Pelhamer See) erlaubt. Der Eintritt ist frei.

www.eggstaett.de

4 Funtensee

Der Funtensee auf 1638 m Höhe gilt als Kältepol Deutschlands. Eine Wetterstation hat hier im Dezember 2011 die tiefste Bodentemperatur in Deutschland von -45,9 Grad Celsius gemessen. Einsam ist es auch, denn man kommt nur zu Fuß hierher (Aufstiegszeit von Sankt Bartholomä 3–4 Std.). Dafür gibt es eine Übernachtungsmöglichkeit im Kärlingerhaus mit 200 Schlafplätzen.

www.kaerlingerhaus.de

5 Höglwörther See

Das Wasser ist weich und warm, denn der Höglwörther See ist ein Moorsee (13,5 ha). Einer mit spektakulärer Kulisse noch dazu, denn direkt am See liegt die Klosteranlage des Augustiner-Chorherrenstifts Höglwörth. Das kleine Seebad ist von Mitte Mai bis Anf. Sept. geöffnet, der Eintritt frei.

www.anger.de

6 Thumsee

Der von steil aufragenden Felswänden umschlossene Thumsee verwandelt sich einmal im Jahr in einen großen Open-Air-Konzertsaal, wenn die Reichenhaller Philharmonie auf einer See-Bühne ihr Sommernachtskonzert gibt. Dann machen es sich Tausende Besucher auf der Liegewiese mit Decken und Picknick-Körben bequem. Mit einem spektakulären Feuerwerk heißt es zum Schluss: „Der Thumsee brennt!"

www.bad-reichenhall.de

7 Hintersee

Der Zugang zum Hintersee in der Ramsau führt durch eine wildromantische Landschaft mit dem geheimnisvollen Namen Zauberwald. Ein Bergsturz hatte einst dieses urige Gewirr an Felsen, die inzwischen mit üppiger Vegetation bewachsen sind, geschaffen. So entstand auch der Hintersee, der einst die dreifache Ausdehnung hatte. Landschaftsmaler fanden hier unzählige Motive.

www.ramsau.de

8 Waginger See

Der Waginger See gilt mit seinen bisweilen karibischen Wassertemperaturen von 27 Grad als wärmster See Bayerns. Baden ist kein Problem, auch wenn durch intensive Landwirtschaft bisweilen doch zu viele Nährstoffe ins Wasser gelangen. Dafür ist aber der Fischbestand besonders hoch. Die Waginger Seefischerei belieferte sogar Papst Johannes Paul II. zu Silvester mit Karpfen.

www.waginger-see.de

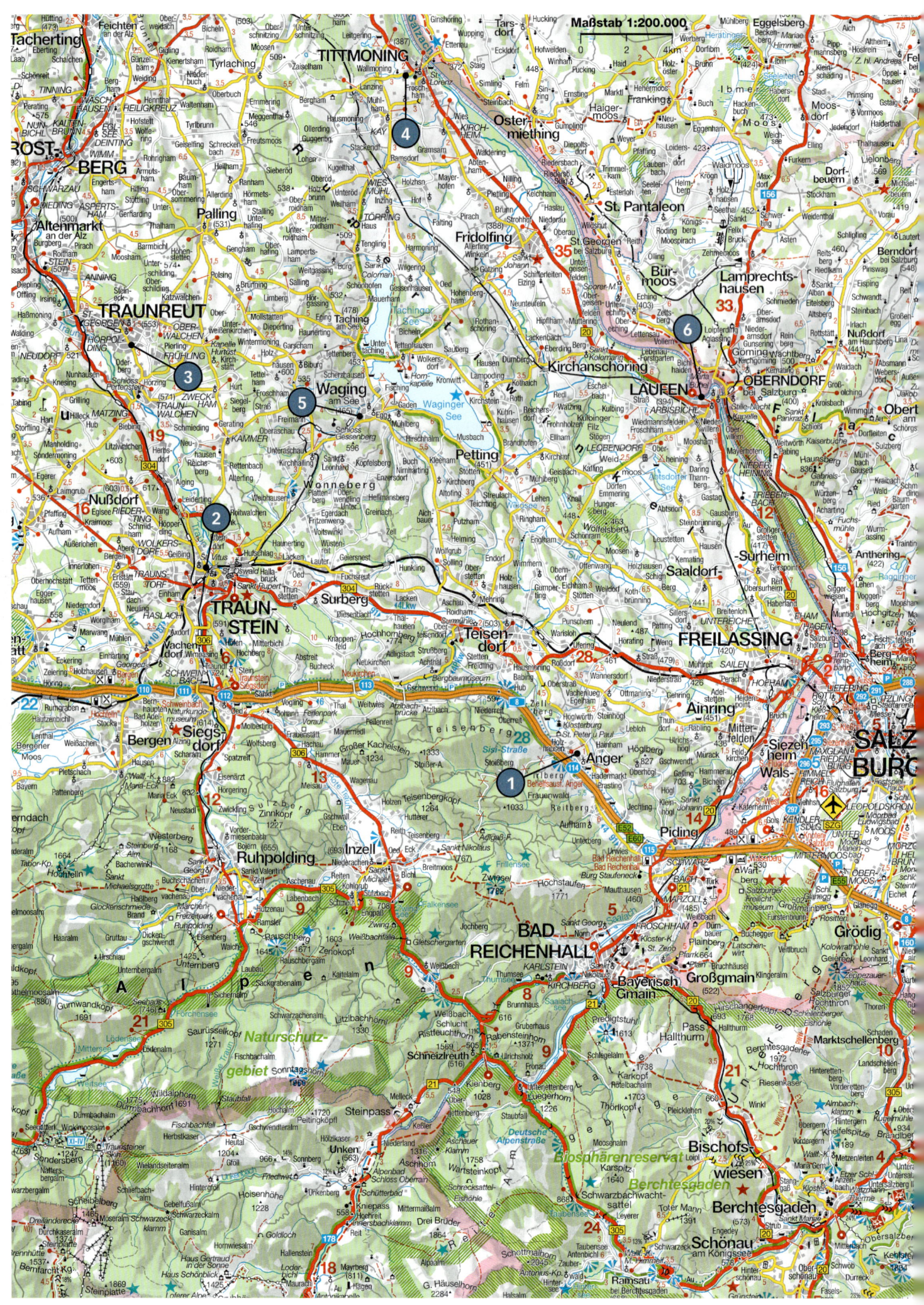

Entdecker gesucht

Viele Ortschaften in der Gegend enden mit der Silbe „-ing" – ein Hinweis darauf, dass hier Bajuwaren siedelten. Schon Jahrhunderte vor Christi Geburt ließen sich hier verschiedene Stämme nieder, die später zum Volk der Bajuwaren verschmolzen. Noch heute ist die Region des Rupertiwinkels ebenso geschichtsträchtig wie malerisch.

❶ Anger

Bereits in der Steinzeit war Anger ein Siedlungsplatz (heute 4500 Einw.). Heute reihen sich kleine Wohn- und Handwerkerhäuschen um einen weitläufigen erhalten gebliebenen Rasendorfplatz.

SEHENSWERT

In Anger ist das Gesamtensemble der **Dorfanlage** sehenswert. Die **Pfarrkirche Maria Himmelfahrt** (15. Jh.) ist die älteste urspr. spätgotische Landkirche der Region, und augenfällig ist auch die Mariensäule mit der vergoldeten Patrona Bavariae (1884).

MUSEEN

Das **Hans-Peter Porsche TraumWerk** zeigt eine Privatsammlung mit historischem Spielzeug, Modellbahnen und Oldtimern (Zum Traumwerk 1; www.hanspeterporsche.com; Di.–So. 9.30–17.00 Uhr).

HOTEL UND RESTAURANT

€€€ **Gut Edermann** zeigt sich in gediegenem Landhausstil mit 50 Designzimmern, Innenpool, Naturbadeteich und Saunen. Gourmet-Küche mit regionalen Produkten im **Restaurant Mundart** (Holzhausen 2, 83317 Teisendorf, Tel. 08666 92 73 0, www.gut-edermann.info).

Umgebung

Das ehem. **Kloster Höglwörth** (3 km nördl.; Führungen auf Anfrage, Tel. 08656 98 48 90) liegt mit seiner Rokokokirche auf einer Halbinsel im Höglwörther See. Das Kloster wurde um 1125 von St. Peter in Salzburg als Mönchszelle gegründet; die Gebäude mit Brauerei sind heute in Brauereibesitz. Der angrenzende Moorsee (13,5 ha) ist ein wunderbarer Badesee mit weichem Wasser.

In **Freilassing**, fast schon ein Vorort von Salzburg (19 km nordöstl.) lohnt der Besuch des Eisenbahnmuseums Lokwelt. Auf 17 Gleisen sind Exponate aus 150 Jahren Eisenbahngeschichte zu sehen. Kernstück der Anlage ist ein Rundlokschuppen (1902–1905) mit imposanter Drehscheibe (Westendstraße 5, www.lokwelt. freilassing.de; Fr., Sa. und So. 10.00–17.00 Uhr).

INFORMATION

Tourist-Information, Dorfplatz 4, 83454 Anger, Tel. 08656 98 89 22, www.anger.de.

Zu Hans-Peter Porsches TraumWerk gehört diese Modelleisenbahn (links). Traunsteins Stadtplatz mit dem wiedererrichteten Jacklturm (rechts)

❷ Traunstein

Die Große Kreisstadt Traunstein (19 400 Einw.; Stadtrecht 14. Jh.) gilt als Zentrum des Chiemgaus und ehem. Wirkungsstätte von Papst Benedikt XVI. Dank ihrer Lage an der Salzstraße kam die Stadt im Mittelalter zu Wohlstand. Trotz großer Stadtbrände 1704 und 1851 weist das Zentrum noch stattliche Bürgerhäuser auf.

SEHENSWERT

Der **Stadtplatz** mit dem Lindlbrunnen bietet Häuser mit den prächtigsten Fassaden aus dem 19. Jh. Im Stadtteil Au sind neben der **Salinenkapelle** (1631) noch Anlagen der **Saline** (bis 1912) zu finden. In der **Pfarrkirche St. Oswald** (Urspr. 12. Jh., nach Stadtbrand 1704 barockisiert) feierte Joseph Ratzinger seine erste Messe; der Bau zeigt zahlreiche barocke Gemälde und alte Fresken.

MUSEEN

Hinter den historischen Mauern des Heimathauses und des benachbarten Brothausturms ist das **Stadt- und Spielzeugmuseum** untergebracht; es schlägt den Bogen von den Anfängen der Stadt bis zur Gegenwart (Stadtplatz, www.spielzeug-und-stadtmuseum-traunstein.

de; April–Okt. Mo.–Sa. 10.00–15.00, So. 10.00 bis 16.00 Uhr).

AKTIVITÄT

Der Schriftsteller Thomas Bernhard (1931–1989) setzte mit der autobiografischen Schrift „Ein Kind" der Stadt seiner ungeliebten Kindheit ein literarisches Denkmal. **Spaziergänge auf den Spuren Bernhards** organisiert die Stadtbücherei (www.stadtbuecherei-traunstein.de).

VERANSTALTUNG

Der **Georgiritt** mit Schwertertanz am Ostermontag ist eine der größten Pferdewallfahrten. Die Prozession führt mit etwa 400 Tieren zum spätgotischen Ettendorfer Kirchlein (1470).

RESTAURANTS

Das €€ **Hofbräuhaus** (seit 1612) ist die größte Brauerei der Gegend (Hofgasse 6, Traunstein, Tel. 0861 988 66 42, www.hb-ts.de; regelmäßig Brauereiführungen und Verkostungen Mo., Di. und Mi. 11.00 Uhr). Der €€ **Mesnerwirt St. Johann** bietet eine Zeitreise.; die Geschichte des Hauses geht ins 16. Jh. zurück und ist mit dem Mesnerdienst in der benachbarten Kirche verbunden (St.-Johann-Straße 22, Siegsdorf, Tel. 086627430, www.mesnerwirt-stjohann.de).

UMGEBUNG

Hauptattraktion **Siegsdorfs** ist das Natur-
kunde- und Mammut-Museum mit dem Skelett
eines 3,6 m großen, 45 000 Jahre alten Mam-
muts, das man 1985 hier ausgegraben hat
(Auenstraße 2, www.museum-siegsdorf.de;
Ostern–Allerheiligen tgl. 10.00–18.00 Uhr).
Das benachbarte **Bad Adelholzen** war eines
der ältestes Heilbäder Bayerns. Heute füllen
hier die Barmherzigen Schwestern neben dem
Heilwasser der Primusquelle auch verschiedene Mineralwässer und Lifestyle-Getränke
ab. Ein Großteil des Verkaufsgewinnes wird
für soziale Zwecke verwendet (www.adel
holzener.de).

INFORMATION

Tourist-Information, Stadtplatz 39,
83278 Traunstein, Tel. 0861 65 50 0,
www.traunstein.de

③ Traunreut

Die Stadt (20 530 Einw.) entstand 1938 aus
einer Munitionsanstalt der Wehrmacht und erhielt 1950 den Namen Traunreut. Sie ist die
größte Stadt im Landkreis Traunstein und zugleich Europastadt.

SEHENSWERT

Das **Schloss Pertenstein**, idyllisch am Ufer
der Traun gelegen, blickt auf eine 700 Jahre
alte Geschichte zurück. In früheren Jahrhun-
derten waren solche kleinen Landschlösschen
und Adelssitze typisch für den Chiemgau.
Heute finden hier meist sommerliche Veranstaltungen statt (www.schloss-pertenstein.de).

Tipp

Letzte Fähre

Mit einem Fährmann zum Biergarten,
das klingt nach einem Ausflug wie in
alten Zeiten. Nördl. von Traunreut in
Altenmarkt kann man tatsächlich einen
Fährmann rufen und mit einem kleinen
Holzkahn zum „Gasthaus Roiter" übersetzen. Diese Alzfähre ist eine der
letzten Seilfähren Bayerns. Seit 1915 in
Betrieb, wird sie mit Hilfe eines ausge-
klügelten Seilmechanismus von der
Flussströmung angetrieben. Das Gasthaus war urspr. ein Bauernhof – die
Fähre wurde eingerichtet, um schneller
zum Einkaufen und in die Kirche zu
gelangen. Doch bald kamen damit auch
die ersten Gäste. Das Herbeirufen des
Fährmanns erfolgt über einen langen
Seilzug, und soll auch in Zukunft kosten-
los sein. Ein Trinkgeld ist es aber auf
jeden Fall wert.

Informationen auf www.chiemgauer-
schulmuseum.de/umgebung/alzfaehre

*Tittmonings Burg ist heute Museum (links). Blick
auf Laufens Altstadt (rechts oben). Schwimmen
beim Waginger-See-Triathlon (rechts unten)*

MUSEUM

Maximal minimalistisch ist dieses Museum für
Gegenwartskunst im sonst recht unspektaku-
lären Traunreut. Der Galerist Heiner Friedrich
holte schon in den 1960er-Jahren zusammen
mit Franz Dahlem Werke der Popart und des
Minimalismus nach München und vergrätzte
damit einige Kritiker. Nach erfolgreichen New
Yorker Jahren eröffnete er in einer früheren
Fabrikhalle seines Vaters **Das Maximum** mit
Werken, die auch der bayerischen Landes-
hauptstadt zur Ehre gereichen würden: Andy
Warhol, John Chamberlain, Walter de Maria
und Dan Flavin sowie Georg Baselitz, Imi
Knoebel, Maria Zerres und Uwe Lausen (Fridtjof-
Nansen-Straße 16, Tel. 08669 120 37 13, www.
dasmaximum.com).

UMGEBUNG

In **Trostberg** (11 000 Einw.) ist in der Altstadt
die Nähe zur Inn- und Salzacharchitektur unübersehbar. Für die lange, enge Häuserzeile,
die sich zwischen Alz und den Schlossberg
zwängt, war wenig Platz. Deshalb sind die dem
Fluss zugewandten hölzernen Giebel-, Balkon-
und Laubenfronten auf- und abgestapelt, im
Volksmund „Trostberger Orgel" genannt.

INFORMATION

Touristik Verein, Rathausplatz 3,
83301 Traunreut, Tel. 08669 85 70,
www.traunreut.de
Tourist-Information, Rathaus,
Hauptstraße 24, 83308 Trostberg,
Tel. 08621 80 10, www.stadt-trostberg.de

④ Tittmoning

Eine imposante Burganlage, einst Sommerre-
sidenz der Salzburger Bischöfe, thront unübersehbar über der 1234 gegründeten Grenzstadt
(5800 Einw.) mit gut erhaltenem Altstadtkern
und einer Stadtmauer aus dem 14. und 15 Jh.

SEHENSWERT

Die **Burg** wurde im 13. Jh. als Grenzfeste errichtet und 1620 umgebaut. Der **Stadtplatz**
zeigt die Bauweise des Inn-Salzach-Stils mit
seiner für die Salzachstädte typischen Fassa-
dengestaltung (Scheinfassaden). Hier stehen
Floriansbrunnen (1706), Mariensäule (1758),
eine Statue des Heiligen Johann von Nepomuk
(1717) und das im 15. Jh. erbaute Rathaus mit

Prunkfassade von 1711, deren Nischen nach
italienischem Vorbild goldgefasste Porträt-
büsten römischer Imperatoren bergen. Das
Gebäudeensemble war in der TV-Serie „König-
lich Bayerisches Amtsgericht" zu sehen.

MUSEUM

Die Burg Tittmoning beinhaltet heute das
Museum Rupertiwinkel mit Volkskunst aus
dem bäuerlichen Leben (Mai–Sept. Mi.–So.
13.00–17.00 Uhr).

INFORMATION

Tourist-Information, Stadtplatz 1,
84529 Tittmoning, Tel. 08683 70 07 10,
www.tittmoning.eu

⑤ Waging am See

Waging (6590 Einw.) war schon keltischer und
römischer Siedlungsplatz und gilt als die Wiege
der Bayern. Der Markt und Luftkurort liegt am
6,2 km langen Waginger See, dem wärmsten
See Bayerns, an dem sich mehrere große Campingplätze befinden und der nur durch eine
Überbrückung vom Tachinger See getrennt ist.

SEHENSWERT

Der historische **Ortskern** wird durch Häuser
(18./19.Jh.) in typischer Inn-Salzach-Bauweise
bestimmt, denn durch Waging führte der Salz-
weg, der Bad Reichenhall mit Wasserburg am
Inn verband. Lohnend ist auch ein Spaziergang
entlang der Strandpromenade.

MUSEUM

Das **Bajuwarenmuseum** zeigt Ausgrabungs-
funde bajuwarischer Reihengräberfelder,
darunter Schmuck und Waffen, die vom Leben
der Bajuwaren vor 1500 Jahren zeugen (wegen
Renovierung zzt. geschl.).

Der **Waginger See Triathlon** mit mehr als 500 Teilnehmern findet an einem So. im Mai oder Juni (wetterabhängig) beim Strandkurhaus statt (www.waginger-see-triathlon.de).

HOTEL UND RESTAURANTS
Der **€€€ Wellnessgarten Waging** bietet Zimmer und Suiten direkt im Wellnessgarten, zwei Naturschwimmteiche, Tenniscamp und das **Restaurant Seestüberl** mit Wintergarten (Am See 7, 83329 Waging am See, Tel. 08681 47 84 80, www.wellness-waging.de).
Der **€€ Oberwirt Otting** ist ein Traditionswirtshaus mit regionalen Schmankerln (westl.; Holzhauser Straße 2, Otting, Tel. 0 8681 4 52 87, www.oberwirt-otting.de).

INFORMATION
Tourist-Information, Salzburger Straße 32, 83329 Waging am See, Tel. 08681 313, www.waginger-see.de

❻ Laufen an der Salzach

Die Altstadt von Laufen (6900 Einw.) liegt in einer Flussschleife der Salzach. Ortsgeschichte und wirtschaftlicher Aufschwung sind mit der Salzschifffahrt (bis 1866) verbunden; Stromschnellen zwangen hier zum Umladen der Ware. Die 1903 erbaute Salzachbrücke führt nach Oberndorf auf österreichischer Seite.

SEHENSWERT
Auch die Laufener **Altstadt** zeigt sich größtenteils in Inn-Salzach-Bauweise. Teile der mittelalterlichen **Stadtmauer** (13. Jh.) blieben erhalten. Im Alten Rathaus (15.–17. Jh.) wurde der Saal vom in Laufen geborenen Barockmaler Johann Michael Rottmayr (1654–1730) gestaltet. Die **Stiftskirche Mariä Himmelfahrt** (Urspr. 1330, 17. Jh.) gilt als älteste gotische Hallenkirche Süddeutschlands, umgeben von Laubengängen mit Grabdenkmälern wohlhabender Schifferfamilien.

AKTIVITÄTEN
Beliebt sind nächtliche **Laternen-Stadtführungen** mit einem mittelalterlich gekleideten Nachtwächter (www.stadtlaufen.de).

VERANSTALTUNGEN
Die **Salzachfestspiele** im Juli sind ein vielgestaltiges Open-Air-Kulturfestival im westlichen Hof von Schloss Triebenbach (Urspr. 14. Jh.). Himmelbrotschutzen an Fronleichnam und das sommerliche **Schifferstechen** (Mitte Aug.) sind Erinnerungen an die Salzach-Schifffahrt.

UMGEBUNG
In **Oberndorf** erklang an Heiligabend 1818 in der Gedächtniskapelle erstmals das Weihnachtslied „Stille Nacht, Heilige Nacht".

INFORMATION
Tourist-Information, Rathausplatz 1, 83410 Laufen, Tel. 08682 89 87 49, www.stadtlaufen.de

---

Genießen   Erleben   Erfahren

DuMont Aktiv

Einmal abheben

Leuchtende Seen, steile Berge und saftige Wiesen. Die unvergleichliche Natur des Alpenvorlandes erlebt man sehr eindrucksvoll von ganz oben: beim Ballonfahren, Gleitschirm- oder Segelfliegen. Das Fliegen ist ein uralter Menschheitstraum, der zur Realisierung von den Pionieren einst eine gehörige Portion Mut und technisches Können verlangte. Heute muss man längst kein Draufgänger mehr sein, um als Passagier in einem Doppelsitzer-Gleitschirm Platz zu nehmen und mit einem Piloten mitzufliegen.

Im Chiemgau herrscht eine sehr gute Thermik, und Berge und Wiesen eignen sich perfekt als Start- und Landepisten. Um mit dem Heißluftballon abzuheben, liegen die meisten Startplätze allerdings rund um den Chiemsee. Von hier beginnt die Fahrt mit einem grandiosen Blick auf die Chiemsee-Inseln, und bald schon liegt einem der ganze Chiemgau, der Rupertiwinkel und das bayerische Alpenvorland zu Füßen. Bis zu 3000 Meter schwebt man bald über den Dingen und genießt einen Rundumblick mit Sichtweiten bis zu 200 Kilometern, die so oft nicht einmal Bergsteigern auf den höchsten Gipfeln vergönnt sind.

Da setzen viele gleich zur kompletten Alpenüberquerung an. Wie es sich anfühlt, wenn dabei Adler neben einem durch die Lüfte fliegen, haben übrigens Piloten von Segelflugzeugen, Gleitschirmen oder Drachenfliegern für das Projekt „Luftige Begegnungen" dokumentiert und ihre Filme ins Netz gestellt. Zumindest virtuell können so auch diejenigen mit in die Luft gehen, die sonst lieber am Boden bleiben.

Weitere Informationen

Luftige Begegnungen u. a. mit Adlern sind auf der Internetseite www.luftige-begegnungen.de zu finden.
Gleitschirmfliegen: Tandemschnupperflüge gibt es ab 100 €, Informationen beim Deutschen Hängegleiterverband (Postfach 88, 83701 Gmund am Tegernsee, Tel. 08022 96 75 0, www.dhv.de).
Ballonfahren: Ballonfahrt 1,5 Std. ab 190 €, Alpenüberquerung ab 1100 € pro Person. Informationen beim Deutschen Freiballonsport-Verband (Postfach 1333, 82142 Planegg, Tel. 089 857 35 95, www.dfsv.de).
Segelfliegen: Die Deutsche Alpen-Segelflugschule ist eine der ältesten in der Region; Schnuppertag ab 115 € (Windseestraße 45, 83246 Unterwössen, Tel. 08641 69 87 87, www.dassu.de).

Gleitschirm-Startpunkt auf dem Rauschberg bei Ruhpolding

Stadt, Land, Fluss

Im Westen des Chiemgaus liegen zwischen Inn und Alz schmucke Städte wie Wasserburg am Inn und Rosenheim, hinter deren Fassaden manche Besonderheit wartet. Während auf einer Landpartie früher Reisende einige Gefahren zu bestehen hatten, lassen sich heutzutage vor allem die beschaulichen Seiten des Landlebens genießen.

Das frühere Kloster Seeon versteht sich bis heute als wichtige Kultur- und Bildungsstätte in Oberbayern

Die klassische Art, in Wasserburg anzureisen: Rote Brücke über den Inn und Brucktor

Wer glaubt, alte Tradition und junges Leben passen nicht zusammen und kulturelle Integration sei etwas für hoffnungslose Träumer, der sollte nie nach Wasserburg fahren. Es sei denn, er möchte sich gerne vom Gegenteil überraschen lassen. Denn Wasserburg, diese mittelalterliche Puppenstubenstadt mit ihren vielen alten Geschichten und der inselgleichen, fast vollständig vom Inn umflossenen Altstadt wirkt dennoch jung. Blutjung sogar. 16 verschiedene Schulen und Bildungseinrichtungen gibt es, und so tummeln sich inmitten der etwa 12 500 Einwohner alltäglich auch knapp 6000 Schüler. Werden Besucher und Bewohner Wasserburgs gefragt, was sie an der Stadt schätzen, dann geraten sie meist ins Schwärmen: Südländisch, weltoffen, lebendig, kulturbegeistert und multikulturell sei es hier. Vielleicht ist das der Grund, weshalb Menschen aus mehr als 60 Nationen in der Stadt leben und zum jährlichen Nationenfest inzwischen jeden Sommer 10 000 Besucher zu Musik, Tanz und internationalem Essen kommen.

Nichtschwimmer und wunde Hintern

Wasserburg ist aber auch voller alter Geschichten. Viele haben natürlich mit den Salzhandelswegen zu tun, die auch diesen Ort einst wohlhabend gemacht hatten. Als Schiffer waren zu jener Zeit allerdings nur Nichtschwimmer gefragt, weil die notgedrungen nicht gleich von Bord sprangen und die kostbare Fracht im Stich ließen, wenn es galt, Piratenangriffe oder gefährliche Stromschnellen zu überstehen.

Aber auch auf dem Landweg war eine Reise hierher früher nicht unbedingt komfortabler. Wolfgang Amadeus Mozart berichtete seinem Vater von der Qual, als seine Postkutsche mit einem Radbruch in Wasserburg strandete: „Dieser Wagen stößt einem doch die Seele heraus! Und die Sitze hart wie Stein! Von Wasserburg aus glaubte ich in der Tat, meinen Hintern nicht ganz nach München bringen zu können! Er war ganz schwielig und vermutlich feuerrot. Zwei ganze Posten (rund 30 Kilometer) fuhr ich, die Hände auf dem Polster gestützt und den Hintern in den Lüften haltend."

Fuhr man seinerzeit durch die Region, waren kleine Adelssitze und Landschlösschen typische Landmarken für die Gegend. So wie Schloss Weikertsham. Versteckt zwischen Feldern und Bauernhöfen liegt das im späten Mittelalter als Patrizierhaus erbaute Kleinod auf dem östlichen Innhochufer in der Nähe von Wasserburg. Das turmartige Schlösschen mit seinen Fresken an der

Raum war seit jeher Mangelware auf der Wasserburger Innschleife. Deshalb wurde schon früh sehr verdichtet gebaut – was die gemütliche Stadtatmosphäre – hier um das frühere Schloss – verstärkt (rechts oben und Mitte rechts)

Die Laubengänge am Wasserburger Marienplatz beherbergen manch gastliche Stätte (links unten), worauf schön gestaltete alte Geschäfts- und Gaststättenschilder hinweisen (links oben)

Wasserburgs Rathaus neben der Liebfrauenkirche am Marienplatz wurde im 19. Jahrhundert historisierend überformt

Das auf einer Insel im Seeoner See gelegene ehemalige Kloster kann auf eine über 1000 Jahre währende Geschichte zurückblicken

Auf der Zeitreise durch mehr als 100 Jahre deutsche Automobilgeschichte begegnet Besuchern auch dieser Maybach – natürlich fahrbereit: EFA-Museum in Amerang

Seeons wiederholt umgebaute Klosterkirche St. Lambert ist für ihre Fresken aus der Renaissance bekannt

In der Wendelsteinhöhle ist die Höhlenbildung
für alle Besucher gut nachzuvollziehen

Typisch Bayern: Wirthaus und Kirche in unmittelbarer Nachbarschaft –
in Seeon das „Rauchhaus" und St. Ägidius

Lifestyle-Biere

Special

Querdenker gefragt

**Nach 500 Jahren Reinheitsgebot
mischen innovative und experimen-
telle Brauer wie „Camba" in Truchtlaching den Biermarkt auf.**

In Bayern ist ein Sommer ohne Bier
kaum vorstellbar. Dabei schenken die
meisten Gaststätten oft nur Bier von
ausschließlich einer Brauerei aus. Um
eine möglichst große Vielfalt anbieten
zu können, entstand in Truchtlaching
aus einer Bierforschungs- und Ver-
suchsanlage eine Privatbauerei, die
„Camba Bavaria". Benannt nach dem
keltischen Namen für Braupfanne,
Camba, denn schließlich war der Ort
einst eine Keltensiedlung. Inzwischen
werden ständig neue Biersorten entwickelt, mehr als 50 unterschiedliche
sind es zur Zeit – vom traditionellen
Weißbier über ein fruchtiges Pale
Ale bis hin zum Imperial Stout. Ausgeschenkt werden sie in der eigenen
Brauereigaststätte.
Biervielfalt wird vor allem bei jungen Leuten geschätzt. Und deshalb

hat die Bierszene viele interessante
Kreationen hervorgebracht, die nach
Zitrus, Grapefruit, Kakao oder Chili
schmecken oder riechen. Es sind spezielle Hopfensorten, die diese Aromen
entwickeln. Nur, lässt sich dies mit
dem 500 Jahre alten Reinheitsgebot
vereinbaren? Wer wie die Bier-Quer-
denker von „Camba" mit Bier experi-
mentiert und natürliche Zutaten wie
Koriander und Orangenschalen verwendet, darf dieses Getränk nicht als
Bier anbieten. So gesehen braut sich
in Bayern einiges zusammen.

Giebelfront ist umgeben von Bäumen
und einem Garten mit Seeteich. Hausherrin Martina Pfeiffer sitzt bei einem
Glas Wein an einem Holztisch im
Grünen, die Sonne scheint, die Frösche
quaken, und die Vögel zwitschern. Eine
Szenerie wie inszeniert für das Foto-
shooting eines Landhaus-Magazins. Dabei war der Weg zu ihrem Landidyll
alles andere als beschaulich.

Der Gast als Landlord

„Als ich zum ersten Mal in Weikertsham
war, sah ich eine Ruine und kein
Schloss", sagt Pfeiffer. Das Anwesen war
im späten 18. Jahrhundert in bäuerliche
Nutzung übergegangen, wurde als Un-
terstand fürs Vieh genutzt, und alle Fresken wurden übertüncht. Es waren zähe
Verhandlungen, den Eigentümer zum
Abschluss eines Erbpachtvertrages auf
60 Jahre zu bewegen, erinnert sich Martina Pfeiffer. Die Raumausstatterin ließ
sich von einem Architekten und Denk-
malpfleger beraten, und mit der Zeit entstand ein detailliertes Instandsetzungs-
konzept. Die gelungene Rekonstruktion
wurde 1994 sogar mit dem Hypo-Kultur-
preis für Denkmalpflege ausgezeichnet.
Ihren neuen Wohnsitz hat die Schloss-
besitzerin mit französischen und eng-
lischen Antiquitäten ausgestattet. Zwei
Zimmer vermietet sie inzwischen an

Zu einem bayerischen
Trachtentreffen gehört Blasmusik:
beim Trachtenumzug durch
Rosenheim zum Gaufest (rechts).
Im Festzelt wird sich anschließend
fast schwindlig gedreht (unten)

Es mangelt nicht an Nachwuchs
(links). Das jedes Jahr an einem
anderen Ort stattfindende Gaufest
zieht Trachtengruppen aus ganz
Oberbayern an und gehört zu
den größten Veranstaltungen
der Trachtler in Bayern (rechts)

Nicht nur Trachten, auch gute Laune wird beim
Gaufest durch Rosenheim getragen

Am ersten Gaufest 1891 nahmen 15 Trachtengruppen teil, 2015 in Rosenheim waren es 150 Vereine.

Urlauber. Und so kann man sich auf Schloss Weikertsham als Gast – zumindest vorübergehend – wie eine Landlady oder wie ein Landlord fühlen.

Mittelalter in Rosenheim

Von so einem mittelalterlichen Anwesen träumte auch Mario Mattera. Der Einwanderer italienischer Eltern kam vor 30 Jahren nach Rosenheim, in eine Stadt, die man schon wegen der schweren Kriegszerstörungen und den Aufbau nach 1945 als Gegenpol zu Wasserburg betrachten kann – wobei sich dennoch einige stimmungsvolle Ecken erhalten haben. Mattera hat inzwischen eine Ausnahmekarriere vom Tellerwäscher, Kellner, Pizzeria-Besitzer zum Hotelier gemacht, wie man sie eigentlich nur aus Hollywoodfilmen kennt. Bis ein Archi-

> „Gegen alles
> im Leben ist ein
> Kraut gewachsen."

Spruch im Kräuterkammerl der
Rieder'schen Alten Apotheke Rosenheim

tektenfreund ihm eine neue Idee in den Kopf setzte. Er wollte ihm sein Hotel so umbauen, dass es nicht mehr altern kann, weil es schon alt ist. So entstand im Rosenheimer Stadtteil Heilig Blut das „San Gabriele". Es gleicht nun einer mittelalterlichen Klosteranlage mit Fresken und Kreuzgewölben, ohne dass es historisch je ein solches Gemäuer gegeben hätte. Bei Einsetzen der Dunkelheit flackern in den vielen Nischen dann sogar echte Kerzen, und im Restaurant servieren als mittelalterliche Mägde und Mönche Gewandete italienische Speisen. Ein älteres Ehepaar fragt den Kellner in der Mönchskutte ganz pietätvoll nach der Tischreservierung. Manchmal scheint eben eine perfekt inszenierte Kopie größere Wirkung zu haben, als manches Original.

Rosenheims Städtisches Museum im Mittertor (oben) und der gastliche Max-Josefs-Platz (Mitte). In der Ausstellung „Urwald" im Lokschuppen Rosenheim (unten)

Rosenheimer Stadtfest am Max-Josefs-Platz, überragt vom Turm der Stadtpfarrkirche St. Nikolaus (oben). Rundgang mit der Nachtwächterin durch Rosenheim – hier beim ehemaligen Stadteingang Mittertor (unten links). Rosenheims Ausstellungszentrum Lokschuppen: Gezeigt werden anspruchsvolle Landes- und Sonderausstellungen wie die über die Welt des Regenwaldes (unten rechts)

HEILQUELLEN UND -BÄDER

Wasser marsch!

Wenn es um die Gesundheit geht, vertrauen Einheimische schon seit jeher der Kraft der Natur. Thermal- und Heilquellen stehen hier ebenso hoch im Kurs wie Mineralwasser aus eigenen Brunnen und der Glaube an die Heilkraft von Salz- und Moorbädern.

Im Kurgarten von Bad Reichenhall sprudelt vor dem Gradierhaus der Alpensole-Springbrunnen

In Vollmondnächten kommen sie in Scharen und nehmen mit Flaschen, Karaffen und Kanistern gleich neben der Kapelle von Leonhardspfunzen Aufstellung. Ihr Interesse gilt jedoch nicht dem kleinen Kirchlein und auch nicht der nächtlichen Jagd von Werwölfen oder sonstigen Untoten. Bei den Nachtaktiven handelt es sich um Quellwasserfreunde, die Wasser aus einem Brünnlein zapfen wollen, das öffentlich zugänglich neben der Kapelle steht. Denn Leonhardspfunzen gilt schon seit jeher als ein besonderes Heilwasser. Eine gleich literweise abgezapfte kostenlose Vollmondabfüllung gilt als besonderes Schmankerl, seit der ortsansässige Mineralwasserabfüller St. Leonhards auf demselben Quellgebiet einige Tiefenquellen erschlossen hat und von seiner „Mondquelle" eine ganz spezielle Vollmondabfüllung in den Handel brachte. Auch wenn Erkenntnisse, nachdem sich die biophysikalische Qualität von Wasser angeblich mit den Mondphasen ver-

ändert, eher grenzwissenschaftlicher Natur sind. Der Glaube daran versetzt manchmal Berge.

Höchste Klinikdichte Europas
Reichliche Vorkommen natürlicher Heil- und Mineralwässer, Kneipp-Kuren, Salz-, Sole- oder Mooranwendungen haben das Alpenvorland seit jeher zu einer interessanten Gesundheitsregion gemacht. Mit mehr als 35 Kliniken besitzt allein das Chiemsee-Alpenland die höchste Klinikdichte Europas mit einem umfangreichen Rehabilitations- und Therapieangebot. Seit der Wiederentdeckung der

Naturheilkunde vor etwa 175 Jahren begannen immer mehr Gemeinden, sich auf Erholung und Regeneration ihrer Einwohner und Gäste auszurichten und verstärkt auf die heilenden Kräfte der Natur zu setzen. Angefangen beim Weißen Gold, dem für die Region so wichtigen Salz, bis hin zum sogenannten Schwarzen Gold, den Naturmooren.

Deren Heilkraft wird vor allem in Bad Aibling, dem ältesten Moorheilbad und zugleich jüngsten Thermalbad Bayerns, medizinisch genutzt. Das Aiblinger Moor zeichnet dabei ein hoher Anteil an Huminsäuren

Erinnerung an feudale Kurzeiten:
Staatliches Kurhaus in Bad
Reichenhall (links). Bei einer
Führung durch die Alte Saline
führt Brunnenwart Alfons Brümmer
auch alte Technik vor (rechts)

aus, die entzündungshemmend und
schmerzstillend wirken sollen. Das
39 Grad warme schwefel-, fluorid-
und jodhaltige Heilwasser aus einer
Tiefe von fast 2300 Metern kommt in
Bewegungs-, Wannen- und Schwefel-
moorbädern zur Anwendung.

Schlafen im Salzberg

Eine der stärksten Jod-Thermalsole-
quellen Europas wurde in den 1960er-
Jahren in Bad Endorf eher zufällig
entdeckt, als man dort nach Erdöl
und Erdgas bohrte. Beim Thema Salz
haben in der Alpenregion vor allem
Berchtesgaden und Bad Reichenhall

„Alles, was wir brauchen,
um gesund zu bleiben, hat
uns die Natur reichlich
geschenkt", sagte einst
Pfarrer Sebastian Anton Kneipp

Chiemgau-Thermen in Bad Endorf
(oben) und Rupertus Therme
in Bad Reichenhall (unten)

Umgeben von Millionen bernsteinfarbener Salzkristalle ist der Besucher im einzigen Salzheilstollen Westeuropas in Berchtesgaden. Im Bauch des Salzberges ist in 800 Metern Tiefe die Luft völlig frei von schädlichen und reizenden Umwelteinflüssen. Und so soll das salzhaltige Klima besonders bei Atemwegserkrankungen und Allergien Linderung verschaffen. In warme Kuscheldecken gehüllt, lässt sich hier entspannt auf gemütlichen Liegen eine Stunde oder sogar eine Nacht lang gesundes Meeresklima einatmen.

Um den Menschen Gutes zu tun, füllte auch die Ordensgemeinschaft der Barmherzigen Schwestern in einem der ältesten Heilbäder Bayerns, in Bad Adelholzen bei Siegsdorf, das Heilwasser der Primusquelle ab. Heute reicht die Palette längst bis hin zu Lifestyle-Getränken. Etwa 400 Millionen Flaschen füllen die Klosterschwestern alljährlich ab und bringen so ihr Mineralwasser in den Handel. Hintergrund Ihres Tuns ist allerdings immer noch der Dienst am Menschen, wird doch ein Großteil des Verkaufsgewinns für soziale Zwecke verwendet.

Gegen ein blödes Gesicht

Eine ganz besondere Heilquelle sprudelt im Traunsteiner Stadtteil Empfing. Der Volksmund nennt sie die Augenkapelle. Schon der bayerische Herzog Wilhelm V. kam 1584 nach Bad Empfing zur Kur, weil seine Leibärzte dem Wasser heilende Wirkung gegen „Gicht, Verstopfung, Sterilität, Lähmungen, rinnende Augen" und sogar gegen ein „blödes Gesicht" bescheinigten. Um die 80 Wannen wurden täglich mehrmals gefüllt, die man den Gesundheitsreisenden vor allem im Frühjahr ans Herz legte: „Im Mai braucht man ein Wannenbad, das macht die Krummen wieder grad." Im 20. Jahrhundert kam der Badebetrieb zum Erliegen, und mit zunehmender Bebauung lieferte auch die Quelle immer weniger Wasser. Die Augenkapelle allerdings ist geblieben. Und so sieht man hier gelegentlich noch, wie sich Leute ihr Gesicht waschen. Denn blöd will schließlich keiner aussehen.

Geschichte geschrieben. Im historischen Kurhaus Bad Reichenhalls bietet das Alpensole-Mineralheilbad eine Kombination von schul- und alternativmedizinischen Heilmethoden. Die Rupertus Therme versucht dagegen, für einen größeren Kundenkreis ein modernes Konzept aus Wellness und Therme, Sport- und Familienbad umzusetzen.

Informationen

....

Therme Bad Aibling, Lindenstraße 32, 83043 Bad Aibling, Tel. 08061 906 62 00, www.therme-bad-aibling.de
Tourist Information Bad Endorf, Bahnhofsplatz 2, 83093 Bad Endorf, Tel. 08053 30 08 50, www.bad-endorf.de
Bayerisches Staatsbad Bad Reichenhall, Rupertus Therme, Wittelsbacherstraße 15, 83435 Bad Reichenhall, Tel. 08651 76 22 0, www.rupertustherme.de
Salzheilstollen Berchtesgaden, Bergwerkstraße 85a, 83471 Berchtesgaden, Tel. 08652 97 95 35, www.salzheilstollen.com
Adelholzener Alpenquellen, St.-Primus-Straße 1, 83313 Siegsdorf, Tel. 08662 620, www.adelholzener.de

Tief im Bauch des Berges: Im Salzheilstollen von Berchtesgaden lässt sich gut entspannen

Zwischen Kultur und Kuhstall

Die Region zwischen den Flüssen Inn und Alz ist landschaftlich geprägt von vielen Hügeln und Seen. Mit reichlich Kunst, Kultur und Gewerbe warten dagegen die beiden traditionsreichen Städte Wasserburg und Rosenheim auf – eine vielseitige und abwechslungsreiche Gegend.

❶ Wasserburg am Inn

Die inselähnliche 1000-jährige Altstadt Wasserburgs (12 500 Einw.) wird beinah vollständig vom Inn umflossen. Mittelalterlich geprägt, wechseln in ihren engen Gassen alte Handwerkshäuser mit saalartigen Plätzen und gewölbten Laubengängen ab. Der auf Salzhandel basierende Wohlstand endete, als 1504 die Salzstapelrechte an Rosenheim gingen. Heute prägen viele Künstler und Studenten das Leben der auch von Industrie bestimmten Stadt.

SEHENSWERT

Die **Altstadt** TOPZIEL betritt man durch das massive **Brucktor** (1470), durch das früher die Salzstraße führte. Das **Kernhaus** (1738) besitzt eine der schönsten Rokoko-Fassaden Süd-

Tipp

Kunst am Wegesrand

Mit dem Wechsel der Jahreszeiten verändern auch die Kunstobjekte am Skulpturenweg in Wasserburg ihre Wirkung. Das macht diese Galerie im Freien so einzigartig. Hinzu kommt, dass auch witterungsbedingt immer wieder Objekte ausgetauscht werden. So bleibt der Skulpturenweg lebendig. 1988 entwickelte der hiesige „Arbeitskreis 68" die Idee, zeitgenössische Kunst aus der Galerie zu holen und damit den Naturraum zu gestalten. Etwa 30 Skulpturen sind rund um die Altstadt entlang dem begrünten Hochdamm an der Innschleife auf einem 1,5 km langen Spazierweg zu sehen. Es ist die bislang größte Freiluftgalerie Bayerns.

Informationen unter www.arbeitskreis68.de/skulpturenweg

deutschlands von Johann Baptist Zimmermann. An die ehem. Kornschranne erinnert die Eingangshalle des **Rathauses** (15. und 19. Jh.) und das Brothaus, in dem bis in die 1970er-Jahre die Backwaren der ortsansässigen Bäcker

angeboten wurden. Der Turm der **Frauenkirche** (um 1325) gehörte früher nicht zum Gotteshaus, sondern war einst Stadtturm mit einer Wohnung des Stadtwächters.

MUSEEN

Das **Museum Wasserburg** zeigt Exponate aus der Stadtgeschichte, darunter Werkstätten lokaler Handwerker. Das Museum selbst ist ein typisches Altstadthaus der Inn-Salzach-Bauweise mit Grabendach, Erkern, einer gotischen Wohnhalle, Lagerräumen und einem von Arkaden gesäumten Innenhof (Herrengasse 15; www.museum.wasserburg.de; Mai–Sept. Di. bis So. 13.00–17.00, Okt.–Dez. und Febr.–April Di.–So. 13.00–16.00 Uhr).

Die **Bierkatakomben** sind ein in den Kellerberg gegrabenes System aus Gängen und Gewölben. Als Sommerbierkeller dienten sie vor 200 Jahren der Lagerung des im Winter gebrauten Biers (www.bierkatakomben.wasserburg.de; Führungen über die Gästeinformation).

VERANSTALTUNGEN

Das **Nationenfest** in der Altstadt bietet Tanz, Musik und internationale Gastronomie (Aktionsbündnis Rio Konkret, www.rio-konkret.de; Sa.

Mitte Juni). **Wasserburg leuchtet:** Historische Hausfassaden werden ab 20.00 Uhr mit modernen Lichteffekten illuminiert (erster Fr. nach den bayerischen Sommerferien).

HOTEL UND RESTAURANT

€€ **Schloss Weikertsham** ist ein schön restauriertes Landschlösschen, eingerichtet mit Antiquitäten. Die Besitzerin vermietet zwei Zimmer (Weikertsham 11, 83512 Wasserburg am Inn, Tel. 08071 5 13 38, www.schlossweikertsham.de).

Das €€€ **Herrenhaus** hat eine kleine Speisekarte mit regionaler Saisonküche im Ambiente eines historischen Stadthauses (Herrengasse 17, Wasserburg am Inn, Tel. 08071 597 11 70, www.restaurant-herrenhaus.de).

Im **Baderbräu** am Schnaitsee haben ein paar Freunde die hohe Kunst des Brauens perfektioniert. Es gibt auch eine kleine Brotzeit (15 km östl.; Baderweg 4, Schnaitsee, Tel. 08074 17 69 66, www.baderbraeu.de).

INFORMATION

Gäste-Information, Marienplatz 2, 83512 Wasserburg am Inn, Tel. 08071 1 05 22, www.wasserburg.de

Kunst am Wegesrand in Wasserburgs Altstadt (links). Truchtlaching, ein Ziel für Freunde des besonderen Bieres (rechts)

② Amerang

Der Urlaubsort (3600 Einw.) gilt wegen seines Schlosses, des Bauernhausmuseums und des Automuseums auch als Museumsdorf. Ab dem 11. Jh. bildeten die auf dem Schloss residierenden Familien eine kleine regionale Herrschaft. Der Ort ist von Naturschutzgebieten umgeben.

SEHENSWERT

Die im Ursprung mittelalterliche Rundburg hat mit ihrem geradezu italienisch anmutenden dreistöckigen Renaissance-Arkadenhof (16. Jh.) eine unvergleichliche Akustik, die das **Schloss** mit Sommerkonzerten und Schauspielaufführungen über die Grenzen Bayerns bekannt gemacht haben. Zu besichtigen sind die spätgotische Schlosskapelle, der Rittersaal und ein Schlossmuseum (Führungen Ostern–Mitte Okt. Fr.–So. 11.00, 12.00, 14.00, 15.00 und 16.00 Uhr). Es gibt auch die Möglichkeit, im Schloss zu übernachten (www.schlossamerang.de).

MUSEEN

Das **EFA-Museum für Deutsche Automobilgeschichte** zeigt mehr als 220 Oldtimer von 1886 bis heute und eine der weltweit größten Modelleisenbahn-Anlagen der Spur II (Maßstab 1:22,5; www.efa-automuseum.de; Sommer tgl. 10.00–18.00, Winter 10.00–16.00 Uhr).
Das **Bauernhausmuseum** veranschaulicht ländliche Alltagsgeschichte. Gezeigt werden inmitten von Steuobstwiesen gelegene 17 historische Bauernhäuser, darunter ein Bienenhaus, eine Getreidemühle und Werkstätten (www.bhm-amerang.de; Ende März–Anf. Nov. Di.–So. 9.00–18.00 Uhr).

Bauernhausmuseum von Amerang (links). Bergstation der Wendelsteinbahn (rechts oben). Pause beim Gaufest in Rosenheim (rechts unten).

AKTIVITÄTEN

Der **Moorlehrpfad Freimoos** befindet sich im Moorgebiet zwischen Amerang (westl.) und Halfing (nördl.). Er gibt Einblick in die geschützte Tier- und Pflanzenwelt sowie in die kulturhistorische Bedeutung des Moores.

UMGEBUNG

Kloster Seeon (15 km östl.) war als ehem. Benediktinerkloster (994–1803) ein kultureller Mittelpunkt des Chiemgaus. Die Mönche unterhielten eine Schule für Buchschreiber und erschlossen die umliegenden Seen mit einem Kanalsystem. In der Seeoner Klosterkirche soll Mozart mehr als 14 Jahre regelmäßig auf der Orgel gespielt haben. Seit 1980 gehört der Ort zur Gemeinde Seebruck.

INFORMATION

Tourist-Information, Wasserburger Straße 11, 83123 Amerang, Tel. 08075 91 97 31, www.amerang.de

③ Bad Endorf

Der Kurort (8240 Einw.) zwischen der Eggstätter Seenplatte und dem Simssee ist seit 1963 für seine Jod-Thermalquellen bekannt und für sein Moorheilbad.

SEHENSWERT

Die **Pfarrkirche St. Jakobus** wurde 1857 errichtet. **Schloss Hartmannsberg** (überwiegend 17. und 18. Jh.) zwischen Schlosssee und Langbürgner See dient nach wechselhafter Geschichte und diversen Umbauten als Kulturstätte des Landkreises Rosenheim.

AKTIVITÄTEN

Die **Chiemgau Thermen** mit 1800 m² Thermenlandschaft haben die stärkste Jod-Thermalsolequelle Europas, (Ströbinger Straße 18, www.chiemgau-thermen.de; tgl. 9.00–22.00 Uhr).

VERANSTALTUNGEN

Langstreckenschwimmen am Simssee, jeweils am ersten So. im Juli.
Klassische Musik auf dem „Grünen Hügel": Gut Immling (6 km nördl.) ist ein Begriff bei Opernliebhabern. Zu den **Opernfestspielen** in der ehem. Reithalle kommen bis zu 16 000 Gäste. (Halfing, Tel. 08055 90 34 0, www.gut-immling.de; Hauptspielzeit Juli und Aug.).

Die **Lokalbahn Bad Endorf Obing** (auch LEO genannt) bietet zwischen Mai und Okt. Fahrten auf der alten Bahnstrecke Bad Endorf–Obing an. Höhepunkte sind die Fahrten mit einem historischen Dampfzug (www.leo-online.org).

INFORMATION

Tourist-Information, Bahnhofsplatz 2, 83093 Bad Endorf, Tel. 08053 30 08 50, www.bad-endorf.de

④ Rosenheim

Die kreisfreie Stadt (60 900 Einw.) erlangte ab dem 13. Jh. als Umschlagplatz für Güter, die auf dem Inn transportiert wurden, wirtschaftliche Bedeutung. 1810 wurde die Stadt nach Reichenhall und Traunstein zum Standort der dritten bayerischen Saline (bis 1958) und erlebte einen weiteren Aufschwung durch den Anschluss ans Eisenbahnnetz. Stadtrechte erhielt Rosenheim 1864. Zu Römerzeiten stand hier ein Kastell zum Schutz der Kreuzung bedeutender Ost-West- und Nord-Süd-Verbindungen. Im Zweiten Weltkrieg war die Stadt Ziel wiederholter alliierter Bombardements.

SEHENSWERT

Von früher fünf Markttoren ist noch das **Mittertor** erhalten, vor 1350 das Osttor des Marktes; als Zollstation trennte es ab dem 15. Jh. den Inneren vom Äußeren Markt. Den **Gillitzerblock,** ein geschlossenes Gründerzeit-Ensemble, ließ der Unternehmer Thomas Gillitzer Ende des 19. Jh. erbauen; nach Um- und Neubauten ab den 1960er-Jahren, blieben lediglich die Fassaden in der Münchener Straße erhalten. Am **Max-Josefs-Platz** sind noch Bürgerhäuser mit Laubengängen des Inn-Salzach-Stils zu sehen. Die neugotisch umgestaltete **Stadtpfarrkirche St. Nikolaus** mit

Tipp

Stille Wasser

Sie sind die Stars am See: die gebänderte Prachtlibelle, die frühe Adonislibelle und die ganz seltene zierliche Moosjungfer. 50 Libellenarten gibt es im ältesten Naturschutzgebiet Bayerns, der Eggstätt-Hemhofer Seenplatte, wo die Biologin Ursula Grießer geführte Libellenwanderungen unternimmt. Das Naturparadies aus 17 kleinen Eiszeitseen ist vor etwa 10 000 Jahren entstanden. Gletscher hatten zuerst riesige Eisbrocken zurückgelassen, Flüsse füllten die Landschaft langsam mit Gestein. Als das Eis darunter zerfiel, bleiben Mulden voller Wasser, heute Biotope für viele vom Aussterben bedrohte Pflanzen- und Tierarten. Ein Rückzugsort auch für Menschen, die im Sommer Stille am See ganz für sich allein suchen.

Informationen unter www.natur-aktiv-erleben.de

Zwiebelturm ist das Wahrzeichen der Stadt (Urspr. 15. Jh.). Das **Rathaus** wurde 1858 als erster Bahnhofsbau der Stadt errichtet und später als Polizeistation der Fernsehserie „Die Rosenheim-Cops" bekannt.

MUSEUM
Das **Ausstellungszentrum Lokschuppen** befindet sich im halbkreisförmigen Backsteinbau einer ehem. Eisenbahnremise (1858; Rathausstraße/Lazeiplatz, www.lokschuppen.de; Mitte März–Ende Nov. Mo.–Fr. 9.00–18.00, Sa. und So. 10.00–18.00 Uhr). Das **Inn-Museum** widmet sich dem Fluss Inn als Lebensader und Wirtschaftsraum (Innstraße 74, www.wwa-ro. bayern.de; April–Okt. Sa. und So. 10.00 bis 16.00 Uhr).

AKTIVITÄT
Der **Riedergarten,** heute ein kleiner Stadtpark, entstand 1729 als privater Kräutergarten des Stadtapothekers Johann Rieder.

VERANSTALTUNG
Das **Herbstfest** auf der Loretowiese, Rosenheims „Fünfte Jahreszeit", ist mit seinen mehr als 1 Mio. Besuchern das größte Volksfest Südostoberbayerns; es beginnt am letzten Sa. im Aug. und dauert 16 Tage.

EINKAUFEN
In der **Riederschen Alten Apotheke** (1742) werden etwa 450 getrocknete Heilkräuter und Tees verkauft (www.kraeuterkammerl.eu).

HOTEL UND RESTAURANTS
Das €€ **Hotel San Gabriele** wurde 2005 eröffnet, ist aber im Stil von 1510 gebaut; es bietet 38 individuelle Zimmer, teilweise mit Himmelbett, Küchenzeile und Kachelofen (Zellerhornstraße 16, 83026 Rosenheim, Tel. 08031 26 07 0, www.hotel-sangabriele.de). Im Haus befindet sich das **Ristorante Il Convento,** in dem Kellner in Mönchskutten bei Kerzenlicht italienische Speisen servieren (www.ilconvento.de). Die **Kunstmühle** ist ein ehem. Industriekomplex (1855–1916), der nach aufwendiger Sanierung zum Ausgehviertel mit moderner Kneipenszene wurde.

UMGEBUNG
Bad Aibling (12 km westl.) ist Bayerns ältestes Moorbad. Touristisches Zentrum ist die Therme (Lindenstraße 32, Bad Aibling, Tel. 08061 906 62 00, www.therme-bad-aibling.de; tgl. 9.00–20.00 Uhr).
Die **Wallfahrtskirche Heiligenkreuz** (1668) am südw. Stadtende beeindruckt mit einer gewaltigen Zwiebelhaube.
Mit der ältesten Hochgebirgszahnradbahn Deutschlands geht es 29 km westl. auf den **Wendelstein** (1838 m; www.wendelsteinbahn.de); es gibt Fahrten auch an Vollmondnächten.

INFORMATION
Touristinformation, Kultur- und Kongresszentrum, Kufsteiner Straße 4, 83022 Rosenheim, Tel. 08031 365 90 61, www.touristinfo-rosenheim.de

Genießen   Erleben   Erfahren

DuMont Aktiv

Die Langstreckenschwimmer

Leistungssportler wie Freizeitschwimmer sind am Simssee gleichermaßen richtig. Mehr als 200 Teilnehmer werden jedes Jahr im Sommer zum Wettbewerb erwartet.

So ein oberbayerischer See ist an heißen Sommertagen schon eine herrliche Sache, um sich abzukühlen. Doch bei brütender Hitze einfach nur am See zu sitzen, und die Beine ins Wasser baumeln zu lassen, das ist manchem dann doch nicht genug. Dass Schwimmen gesund ist, ist hinlänglich bekannt. Unter den Ausdauersportarten ist es sogar die gesündeste, denn Schwimmen schont die Gelenke und trainiert trotzdem alle Muskelgruppen.

Am Simssee stellen sich deshalb jedes Jahr am ersten Sonntag im Juli mehr als 200 Teilnehmer der sportlichen Herausforderung des Langstreckenschwimmens. Einzeln, in Gruppen, als Paar oder Familie, als Schulklasse oder als Firmenmitarbeiter stürzen sie sich in die Fluten. Weil der Simssee kaum tiefer als 22 Meter ist, erwärmt er sich recht schnell. Und deshalb fordert der Rundkurs den Teilnehmern an heißen Sommertagen bei Wassertemperaturen von bisweilen mehr als 24 Grad so einiges ab. Da kommt mancher auf der Schwimmstrecke ganz schön ins Schwitzen. Denn die längste Distanz von sechs Kilometern ist Teil des „Arena Austrian Open Water Cups" und zieht deshalb auch einige internationale Gäste an.

Doch nicht nur die Profisportler kommen auf ihre Kosten. Auch an den Spaß für die ganze Familie haben die Veranstalter mit Strecken von vier und zwei Kilometern gedacht. Kurzentschlossene Hobbyschwimmer oder Kinder können auf der 500-Meter-Stecke an den Start gehen. Wer auf der langen Distanz von sechs Kilometern künftig Siegerzeiten um die 1.18 Stunden unterbieten will, darf das gerne auch im stromliniengeformten Neopren-Anzug versuchen – sofern es einem damit dann doch nicht zu heiß wird.

Weitere Informationen

Veranstalter: TSV Bad Endorf zusammen mit den Chiemgau-Thermen (TSV Bad Endorf, Geschäftsstelle, Hans-Kögl-Straße 1, 83093 Bad Endorf, www.bt-endorf.de; www.chiemgau-thermen.de
Austragungsort: Simssee, Campingplatz Stein (See 10, 83093 Bad Endorf, Tel. 08053 93 49, www.camping-stein.de)
Termin: erster So. im Juli

Zieleinlauf der Kurzstrecke beim Langstreckenschwimmen im Simssee

Hier lohnt der Besuch

Echtes Brauchtum

Die meisten Traditionsfeste und Bräuche sind aus dem Verlauf eines Kirchenjahres entstanden. Vieles ist noch heidnischen Ursprungs oder reicht bis in die Anfänge der christlichen Zeit zurück. Nur wenige Bräuche haben ganz aufgehört zu bestehen – auch wenn sie sich bisweilen heutigen Zeiten angepasst haben.

2 Aperschnalzen

Faschingszeit ist die Hochsaison fürs Aperschnalzen im Rupertiwinkel. Mit dem lauten Knallen von Peitschen versuchte man früher, den Winter zu vertreiben und den fruchtbaren Frühling anzulocken. Aperschnalzen ist immaterielles Kulturerbe der UNESCO. Geschnalzt werden darf nur vom Stefani-Tag am 26. Dez. bis Aschermittwoch. Dann ist wieder Ruhe.

www.berchtesgadenerland.com/rupertiwinkel

1 Almabtrieb Königssee

Wenn die Kühe im Herbst von den Almen zurück in die Heimatställe kommen, ist das an sich schon eine schöne Sache. Denn sofern der Almsommer gut verlaufen ist, werden die Kühe zum Almabtrieb aufwendig geschmückt. Wegen der kaum passierbaren Steilufer am Königssee, dürfen sie dort sogar Boot fahren.

www.koenigssee.com

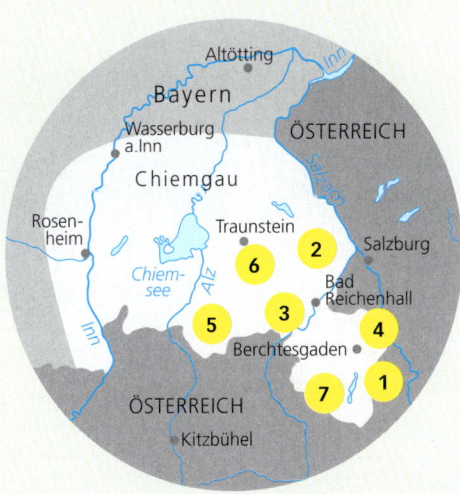

Altötting

Bayern

Wasserburg a.Inn

ÖSTERREICH

Chiemgau

Rosenheim

Traunstein

6

2

Salzburg

Chiemsee

Bad Reichenhall

5

3

4

Berchtesgaden

ÖSTERREICH

7

1

Kitzbühel

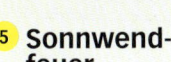

3 Buttnmandl- lauf

Einzigartig im Berchtesgadener Talkessel findet am 5./6.Dezember der uralte Brauch des Buttnmandllaufs statt. Die Buttnmandl sind komplett in Stroh gekleidet und treten gemeinsam mit dem Nikolaus auf. Sie ziehen mit Glockengeläut und Geschrei von Haus zu Haus. Brave Kinder müssen die Ruten der Buttnmandl nicht fürchten, Erwachsene dagegen werden gern mal mit Schnee eingerieben.

www.berchtesgadener-land.com

4 Weihnachts- und Silvester- schießen

In die lautstarke Saison starten ab dem 17. Dez. bis zu 1000 Weihnachtsschützen zwischen Berchtesgaden und Königssee. An Heiligabend wird von 23 bis 24 Uhr auf allen siebzehn Standplätzen um Berchtesgaden geböllert. Mit dem urspr. heidnischen Brauch des Schwarzpulver-Böllerschießens soll sowohl das Christkind wie auch das Neue Jahr begrüßt werden.

www.berchtesgadener-land.com

5 Sonnwend- feuer

Nach alter, heidnischer Tradition wird der Sommer mit Sonnwendfeuern begrüßt. In der Nacht zum 21. Juni hat die Sonne den höchsten Stand des Jahres erreicht, und auf den umliegenden Berggipfeln werden überall Johannisfeuer entzündet. Die Sonnwendfeuer am Hochfelln, Jenner, Rauschberg, Hochschwarzeneck und auf der Kampenwand sind nur ein paar der bekanntesten Berggipfelfeuer.

6 Georgiritt

Eine der schönsten und größten Pferdewallfahrten ist der Georgiritt in Traunstein. Am Ostermontag ziehen etwa 400 geschmückte Pferde mit Kutschen, historischen Gruppen und Musik im Festzug vom Stadtplatz hinauf zum Ettendorfer Kircherl, wo sie nach alter Tradition gesegnet werden. Mit dem Georgiritt ist auch ein Schwertertanz auf dem Traunsteiner Stadtplatz verbunden, der den Sieg über den Winter symbolisiert.

www.traunstein.de

7 Hochgebirgs- wallfahrt

Die Wallfahrt von Maria Alm am Hochkönig über das Steinerne Meer bis zum Königssee soll 1635 erstmals stattgefunden haben, als einige Salzburger Bürger als Dank für die überstandene Pest, nach St. Bartholomä pilgerten. Es ist die älteste Hochgebirgswallfahrt Europas, an der bis zu 2000 Wanderer, Musiker, Jodler und Pfarrer teilnehmen. Eine 10-Stunden-Tour am Sa. nach dem 24. Aug.

www.berchtesgadener-land.com

Mit dem Käfer-Cabrio nach Berchtesgaden (oben links). Brotzeit auf der Stoibenmöseralm bei Reit im Winkl (oben rechts). Purtschellerhaus auf der österreichischen Seite – dahinter der Untersberg (unten rechts).

Service

Auch bei einem so vertraut erscheinenden Reiseziel wie Bayern gibt es zusätzliche Informationen, die hilfreich sind und einem den Aufenthalt erleichtern.

Anreise

München ist für alle, die nicht südlicher wohnen und dann von dort anreisen, der Ausgangspunkt zu den in diesem Band vorgestellten Zielen im Chiemgau und Berchtesgadener Land. Man erreicht München ...

Mit dem Auto: von Norden über die Autobahn A 9 aus Nürnberg kommend. Vom Westen über die A 8 aus Stuttgart oder über die A 96 aus dem Bodenseeraum. Ab München ist die A 8 Richtung Salzburg die wichtigste Verbindung mit den Ausfahrten Rosenheim für Rosenheim und Simssee, Frasdorf für den Chiemgau und für die Chiemgauer Berge, Chiemsee für den Chiemsee, Traunstein/Siegsdorf für den Rupertiwinkel und Bad Reichenhall für Berchtesgaden. Wasserburg erreicht man ab München schneller über die Bundesstraße 304.

Mit dem Bus: Zahlreiche Verbindungen aus ganz Deutschland. Ebenso viele Weiterfahrten mit Zielen ins Chiemgau und nach Berchtesgaden stehen zur Verfügung. Weitere Informationen gibt es mit Hilfe des Fahrplans auf www.rvo-bus.de.

Mit dem Flugzeug: Der Flughafen Franz Josef Strauß unterhält zu jedem anderen deutschen Verkehrsflughafen Verbindungen, zum Teil mehrfach tgl., und ist nach Frankfurt/Main das zweite internationale Drehkreuz der Lufthansa (www.munich-airport.de). Die S-Bahnen S 1 und S 8 bilden den Anschluss zum Hauptbahnhof und in die Innenstadt.

Für Berchtesgaden lohnt eventuell auch ein Vergleich mit den Flügen nach Salzburg (www.salzburg-airport.com).

Mit dem Zug: Von allen Großstädten in Deutschland verkehren tgl. direkte ICE-Züge, u. a. von Berlin, Hamburg, Hannover, Bremen, Köln, Dortmund, Leipzig, Frankfurt/Main und Stuttgart. Informationen zu Weiterfahrten mit Zielen in den Chiemgau und nach Berchtesgaden gibt es im Internet unter www.bayern-fahrplan.de.

Interessant, besonders für Familien, ist das Bayern-Ticket: Bis zu 5 Personen reisen damit einen ganzen Tag für 23 € plus 5 € pro Mitfahrer, gültig in allen Nahverkehrszügen, Verkehrsverbünden und in zahlreichen Bussen (Informationen unter www.bahn.de/regional/view/regionen/bayern/ freizeit/bayernticket.shtml).

Auskunft

Überregional: Tourismus Oberbayern München (TOM), Balanstraße 57, 81541 München, Tel. 089 90 77 82 70, www.oberbayern.de Chiemsee-Alpenland Tourismus, Felden 10, 83233 Bernau am Chiemsee, Tel. 08051 96 55 50, www.chiemsee-alpenland.de Chiemgau Tourismus, Haslacher Straße 30, 83278 Traunstein, Tel. 0861 909 59 00, www.chiemgau-tourismus.de Berchtesgadener Land Tourismus, Maximilianstraße 9, 83471 Berchtesgaden, Tel. 08652 656 50 50, www.berchtesgadener-land.com

Regional: Die Tourist-Informationen der Ortschaften sind auf den jeweiligen Info-Seiten aufgeführt.

Behinderte

Mittlerweile sind viele öffentliche, aber auch private Einrichtungen auf die Belange von Gästen mit Handicap eingestellt. So ist zum Beispiel der Nationalpark Berchtesgaden barrierefrei. Genauere Informationen zu behindertengerechten Ausflugszielen sind unter www.chiemsee-alpenland.de/erleben/Barrierefreier-Urlaub und www.berchtesgaden.de/de/barriere freie-ausflugsziele zu finden.

Bergnot

Wer in die Berge geht, hat normalerweise ein Handy dabei. Doch nicht überall gibt es Empfang. In Bergnot ist es daher wichtig, das alpine Notsignal zu kennen. Für das SOS am Berg gilt: sechsmal in der Minute (alle 10 Sek.) ein Zeichen durch Rufen, Pfeifen oder ein Blinksignal mit Spiegel und bei Dunkelheit mit Taschenlampe geben. Die Notsignale sollten in Abständen von einer Minute solange wiederholt werden, bis Rufverbindung mit Helfern hergestellt ist. Sobald man bemerkt worden ist, antworten die Retter mit einem dreimaligen Zeichen je Minute (alle 20 Sek.).

Essen und Trinken

Die bayerische Küche ist hauptsächliche eine Bauernküche, und das gilt allemal fürs Chiemgau und das Berchtesgadener Land. Die Zutaten waren meist einfach. Gekocht wurde mit dem,

Eine Bootsfahrt über den Königssee und vorbei an St. Bartholomä gehört zum Almabtrieb von der Saletalm

was ein Bauernhof so hergab: Kartoffeln, Mehl, Eier, Milch, Käse, Butter, Obst und Gemüse, Pilze und Beeren aus dem Wald. Nur fürs Sonntagsessen gab es Schweinebraten, Hühnchen, Fisch oder auch mal Wild, sofern man ein Jagdrevier besaß.

Vielleicht ist diese einfache Alltagsküche heute gerade deshalb so beliebt, weil in Zeiten des Überflusses das Einfache wieder zu etwas Besonderem wird. Angefangen bei der **Brotzeit.** Sie kann als zweites Frühstück eingenommen werden, ersetzt aber auch schon mal das Mittag- oder Abendessen. Bei einer Brotzeit ist die Auswahl klar definiert: Käse-, Wurst- und Schinkenplatten, Griebenschmalz- oder Butter Schnittlauch-Brote und ein Obazda (reifer Camembert, der mit Butter, Salz, Pfeffer, Zwiebeln und Paprikapulver angemacht und auf ein Schwarzbrot gestrichen wird), Wurstsalat, Fleischpflanzl (Frikadellen) oder Leberkäs. Auf den Almen ist auch der selbstgemachte (Magermilch-)Schüsselkas sehr beliebt. Schweinswürstl, Wollwürste (ohne Haut), Regensburger, Pfälzer oder Wiener sind ebenfalls Brotzeiten. Immer werden Brezn und Brot gereicht – sowie Bier natürlich. Mittags darf es auch mal ein Radler sein – je zur Hälfte aus Zitronenlimonade und Bier.

Geht es um knusprige **Schweinshaxn** und krossen Schweinsbraten, dann ist man schon bei den **Hauptgerichten** angelangt. Und die bestehen hauptsächlich aus viel (Schweine-)Fleisch. Auch **Hendl** (Hähnchen), **Schnitzel** und **Ripperl** (Kassler) sowie Wildgerichte stehen auf jeder regional gefärbten Speisekarte. Ist Saison werden auch gerne **Schwammerl** (Pilze) gegessen. Der **Tafelspitz**, in Oberbayern auch Tellerfleisch genannt, wurde aus Österreich übernommen, das **Kalbsschäuferl** aus Franken, die **Kässpatzn** aus dem Allgäu. Verwertet wurde in der bäuerlichen Küche alles, auch Euter, Kutteln, Kalbsköpfe und Kälberfüße oder Innereien wie Herz, Lunge, Milz und Leber wurden zu einem Beuscherl verarbeitet, was heute nicht jedermanns Sache sein dürfte. An den Seen werden freilich auch gerne **Renke, Saibling** und Forelle auf die Speisekarten gesetzt. Als **Beilagen** gibt es Semmel- und Kartoffelknödel, Kartoffelsalat, Sauerkraut oder Krautsalat.

Traditionell beginnt man mit einer deftigen klaren **Fleischbrühe,** etwa mit Griesnockerl

Preiskategorien

€€€€	Hauptspeisen	über 30 €
€€€	Hauptspeisen	20–30 €
€€	Hauptspeisen	10–20 €
€	Hauptspeisen	unter 10 €

oder Leberklößchen als Einlage, und schließt zum **Dessert** mit einer Bayerischen Creme, Dampfnudeln (Hefegebäck in Vanillesauce) oder Zwetschgenpavesen (Süßspeise aus Zwetschgenmus, alten Semmeln, Milch, Eiern, Semmelbröseln, Butterschmalz, Zucker und Zimt).

Bier gilt als Bayerns fünftes Element und gehört als Nationalgetränk untrennbar zur bayerischen Lebensart. Und das seit jeher: 2016 feiert der Erlass des bayerischen Reinheitsgebots sein 500-jähriges Jubiläum, demnach im Bier nur Hopfen, Malz, Hefe und Wasser enthalten sein dürfen. Darauf können sich Wirtshausbesucher bis heute auch verlassen – auch wenn der Weg der Tugend hin und wieder

einmal verlassen wird. Natürlich nur zum Nutzen der Genießer, wofür die kleine Brauerei „Camba" in Truchtlaching (siehe S. 101) ein gutes Beispiel ist. Streng an die Vorgaben hält sich dagegen das „Inselbräu" auf Frauenchiemsee. Hier wird das altbayerische Zwickel ausgeschenkt und natürlich süffiges, fruchtiges Weißbier. Das „Nahrungsmittel" Bier ist in Bayern Mythos. Seinetwegen werden große Bierfeste gefeiert, mit dem Weißbiermonopol des Wittelsbacher Herrscherhauses wurden Vermögen verdient, Bierpreiserhöhungen führen regelmäßig zu kleinen Revolutionen. Nicht ganz so präsent ist im Alltag der **Gebirgsenzian.** Diese für Chiemgau und Berchtesgadener Land typische Spirituose ist ein Destillat aus der Wurzel des Gelben Enzians. Das aromatisch-bittere Getränk mit mindestens 37,5 Volumenprozent wird gern nach einem deftigen Essen getrunken, gilt aber auch als bäuerliches Heilmittel. Wohl bekannteste Enzianbrennerei der Region ist Grassl in Berchtesgaden; bis ins 17. Jh. ist deren Brenntätigkeit zurückzuverfolgen. Und für Interessierte ist jederzeit eine Besichtigung möglich (www. grassl.com).

Info

Daten & Fakten

Verwaltung: Oberbayern ist mit gut 17 500 km² und rund vier Mio. Einwohnern der größte der sieben bayerischen Regierungsbezirke. Es gibt 20 Landkreise, darunter Rosenheim, Traunstein und Berchtesgadener Land in der beschriebenen Region; keine der drei kreisfreien Städte (München, Ingolstadt, Landshut) ist hier zu finden.

Landesnatur: Der Chiemgau beheimatet auf seinen 1500 km² die bis zu 2000 m hohen Chiemgauer Alpen, das Achental und zahlreiche Seen, darunter das Bayerische Meer, den Chiemsee. Wo die Tiroler Achen in den Chiemsee mündet, findet man das größte Binnendelta in Europa.

Das Berchtesgadener Land ist nur gut halb so groß wie der Chiemgau und wird von vor- und hochalpinen Gebieten bestimmt. So er-

hebt sich der Watzmann bis auf 2713 m Höhe. Um den Königssee erstreckt sich der einzige Alpine Nationalpark Deutschlands.

Bevölkerung: Knapp 300 000 Menschen leben im Chiemgau und im Berchtesgadener Land. Gut 80 % der Bevölkerung gehören der römisch-katholischen Kirche an.

Wirtschaft: Die Regionen sind traditionell bäuerlich geprägt: Land-, Milch-, Alm- und Forstwirtschaft haben bis heute einen hohen Stellenwert. Firmen wie die Bergader Käserei und die Adelholzener Alpenquellen sind über die Gegend hinaus bekannt. Als Tourismusstandorte erlangten der Chiemgau und das Berchtesgadener Land bundesweite Bedeutung. Die früher so wichtige Salzproduktion fällt hingegen heutzutage kaum mehr ins Gewicht.

Die Lobby im „Hotel Kempinski Berchtesgaden" (links). Hier kommt Regionales auf den Tisch: Gourmetrestaurant im „Gut Edermann" in Teisendorf (rechts)

Feste und Feiertage

Religiöse und politische **Feiertage** sind: Neujahr am 1. Jan., Heilige Drei Könige am 6. Jan., die Ostertage, der 1. Mai als Tag der Arbeit, die Feiertage Christi Himmelfahrt, Pfingsten und Fronleichnam, Maria Himmelfahrt am 15. Aug., der Tag der Deutschen Einheit am 3. Okt., Allerheiligen am 1. Nov. und die Weihnachtsfeiertage 25. und 26. Dez. nebst Heiligabend am 24. Dez.

Ab dem 17. Dez. beginnen **Weihnachtsschützen** zwischen Berchtesgaden und Königssee mit Böllerschüssen nach urspr. heidnischem Brauch das Christkind wie auch das Neue Jahr zu begrüßen (Christkindlanschießen).

Unter Feste fällt der **Fasching** im Febr., der sich im öffentlichen Leben weitgehend auf Faschingssonntag bis Faschingsdienstag (vor Aschermittwoch) beschränkt. Die Faschingszeit ist die Hochsaison fürs Aperschnalzen im Rupertiwinkel, wo nach alter Tradition mit dem lauten Knallen von Peitschen, der Winter vertrieben werden soll. Der Tradition nach findet der oberbayerische Fasching, abgesehen von den letzten drei heißen Tagen, im Saal beim Ball und nicht auf der Straße mit Umzügen statt. Ausnahmen bestätigen dabei wie immer die Regel …

Am Ostermontag finden vielerorts **Georgiritte** statt, zu Ehren des hl. Georg. Die größte dieser Pferdewallfahrten ist der Georgiritt in Traunstein mit etwa 400 geschmückten Pferden. Am 1. Mai hat das **Maibaumaufstellen** fast überall große Tradition. Bis heute darf der Maibaum auch geklaut werden. Meist geschieht dies von Burschen des Nachbarorts, die mit reichlich Brotzeit und Bier entlohnt werden müssen,

damit sie den Maibaum wieder herausgeben. Der Juni steht im Blickpunkt zahlreicher **Fronleichnamsprozessionen**. Ebenso bunt wird der **Almabtrieb** gefeiert, wenn im Herbst das Wetter schlecht wird, also meist im Okt. Besonders empfehlenswert ist der Almabtrieb am Königssee, wo die Kühe per Schiff von den entlegenen Almen zurück in ihre Winterquartiere gebracht werden. Überall wird am 6. Nov. auch das **Leonhardifest** mit prächtig geschmückten Pferden und Kutschen begangen. Den Jahresschlusspunkt setzen im Dez. alljährlich die vielen **Weihnachtsmärkte**. Einer der Schönsten ist der auf der Fraueninsel im Chiemsee. Weitere Bräuche und Feste sind auf den jeweiligen Infoseiten beschrieben.

Kinder und Familien

Kinderland: Die Bayern Tourismus Marketing GmbH hat sich den Begriff Kinderland eigens schützen lassen. Wo immer der Gast das Kinderland-Zeichen sieht, also bei rund 350 Anbietern im Land, ist offensichtlich, dass der Anbieter von unabhängigen Prüfern auf mindestens 50 Qualitätskriterien hin getestet wurde, um die Kinder als Gäste zufriedenzustellen. Das gilt für Ferienwohnungen, Pensionen, Hotels oder Campingplätze ebenso wie für Freizeitparks, Museen oder Spaßbäder (weitere Informationen gibt es unter www.kinderland.by).

Urlaub auf dem Bauernhof: Das bedeutet schon mal echte, frische Kuhmilch – mit gewöhnungsbedürftigem Geschmack – statt Tetrapackmilch zum Frühstück wie im Hotel … Heutzutage sind dessen ungeachtet die meisten Fremdenzimmer in einem Bauernhof auf modernem Stand. Trotz vieler Tiere, manchmal

Stallgeruch und dem Leben inmitten schöner Natur muss man meist nicht mehr auf TV und Bad im Zimmer verzichten. Eine Übersicht aller (gemeldeten) Anbieter von Urlaub auf dem Bauernhof, integriert in eine interaktive Karte, findet sich im Internet auf www.bauernhof-urlaub.com.

Freizeitparks: Beliebt sind der Märchen-Erlebnispark in Marquartstein (www.maerchen park.de) und der Freizeitpark Ruhpolding (www.freizeitpark.by).

Notrufnummern

Polizei 110
Feuerwehr 112
Notarzt 112
Sperr-Notruf zentral für Kredit- und Bankkarten oder elektronische Zugangsberechtigungen 116116
ADAC-Notrufzentrale 089 22 22 22
Telefonauskunft 1 18 33

Öffnungszeiten

Viele Seilbahnen und auch die Seenschifffahrt haben sogar in der Hochsaison in den Sommermonaten recht übersichtliche Betriebszeiten, die im Kern oft nur von 8.00 oder 9.00 Uhr bis 16.00 oder 17.00 Uhr reichen. Außerdem ist zu berücksichtigen, dass bei den Parkplätzen an den Seen oder Seilbahntalstationen die Parkscheinautomaten oft nur Münzen annehmen und manchmal auch keine Wechselautomaten bereit stehen.

Reisezeit

Chiemgau und Berchtesgadener Land sind das ganze Jahr über zu bereisen, weil sie auch bei schlechtem Wetter durchaus einiges zu bieten haben. Im Allgemeinen ist die Zeit zwischen Ende April und Anfang Okt. wettermäßig recht sicher; zwischen Mai und Sept. geht man noch weniger Schlechtwetterrisiko ein. Ist Föhn, also ein Tag mit dem berühmten warmen Fallwind aus dem Süden, dann kann es sogar im Nov. kurzzeitig Frühling werden oder der Dez. ein paar Tage stahlblauen Himmel haben.

Die **Temperaturunterschiede** zwischen Sommer und Winter sind enorm: 30 °C im Juli sind keine Seltenheit, -10 °C im Jan. aber auch nicht … Mittelwerte liegen im Winter um 0 °C oder im geringen Minusbereich, im Frühjahr und Herbst um 10 °C bis 15 °C sowie im Sommer zwischen 20 °C bis 25 °C.

Über das **Bergwetter** informiert der Deutsche Alpenverein immer aktuell im Internet auf www.alpenverein.de – ein sinnvoller Blick vor Touren und Ausflügen.

Souvenirs

Die Andenkenläden an touristischen Topspots sind voll mit allem Krimskrams: vom Hut mit

Geschichte

10 000 v. Chr.: Der Chiemsee entsteht durch Gletscher-Ausschürfung. Er hat zu dieser Zeit etwa die dreifache Größe gegenüber heute.

Bis 500 v. Chr.: Kelten wandern ins Alpenvorland ein.

15 v. Chr.: Römer besetzen das Gebiet.

7. Jh.: Irische und schottische Mönche christianisieren das Land.

8. Jh.: Auf Frauen- und Herrenchiemsee werden Benediktinerklöster gegründet.

788: Das heutige Bayern wird ins karolingische Frankenreich integriert; Karl der Große entmachtet Tassilo III.

1070: Bayern kommt an die Welfen.

1108: Augustinermönche gründen das Kloster Berchtesgaden.

1180: Bayern geht an die Wittelsbacher.

1275: Chiemgau und Traunstein kommen unter die Obhut der Salzburger Fürstbischöfe.

1314: Ludwig IV., bislang Herzog von Bayern, wird Deutscher König. Bayern entwickelt sich zur Großmacht in Europa. Ludwig IV. stirbt 1347.

1392: Bayerns Großmachtstellung ist am Ende. Bayern wird in die Herzogtümer München, Ingolstadt und Landshut aufgeteilt.

16. Jh.: Die Wittelsbacher widersetzen sich der Reformation und erhalten den Katholizismus in Bayern. München entwickelt sich zu einem Zentrum der Renaissance und der Gegenreformation.

1587: Der Salzhandel wird verstaatlicht und zur lukrativen Einnahmequelle für die Bayernherzöge; bis 1619 wird die Soleleitung von Reichenhall nach Traunstein erbaut.

1618–1648: Bayern leidet schwer unter dem Dreißigjährigen Krieg.

1701–1714: Bayern wird wegen eigener Ansprüche in den Spanischen Erbfolgekrieg verwickelt und in Folge dessen vom gegnerischen Österreich besetzt. Traunstein wird von kaiserlichen Truppen niedergebrannt.

1742–1744: Im Zuge des Österreichischen Erbfolgekriegs besetzen österreichische Truppen den Chiemgau.

1777: Mit Maximilian III., Kurfürst von Bayern, stirbt der letzte bayerische Wittelsbacher.

1786: Das erste Alpen-Sole-Wannenbad wird verabreicht. Es war Teil der Dienstverträge der Salinenarbeiter, sozusagen erstes betriebliches Gesundheitsmanagement.

1803–1815: Bayern verbündet sich mit Napoleon und wird 1806 Königreich mit Maximilian I. als König.

1810: Die Soleleitung von Reichenhall nach Traunstein wird bis Rosenheim verlängert.

1825: König Maximilian I. stirbt. Ludwig I. wird sein Nachfolger.

1828: Künstler aus München gründen die Künstlerkolonie auf der Fraueninsel. Ein erster Meilenstein für den Fremdenverkehr.

1848: König Maximilian II. übernimmt die Krone nach der Abdankung seines Vaters wegen dessen Affäre mit Lola Montez.

1854: Das erste Personendampfschiff nimmt auf dem Chiemsee den Fahrbetrieb auf.

1860: Die Eisenbahnstrecke München–Traunstein–Salzburg wird eröffnet.

1864: König Maximilian II. stirbt. Ludwig II. wird sein Nachfolger.

1866: Bayern verliert an der Seite des Deutschen Bundes und damit Österreichs den Krieg gegen Preußen.

1869: Baubeginn an Schloss Neuschwanstein.

1873: Ludwig II. kauft die Chiemseeinsel Herrenwörth und beginnt dort 1878 mit den Bauarbeiten an Schloss Herrenchiemsee. 1885 werden die Arbeiten an Herrenchiemsee wegen Geldmangels eingestellt.

1886: Prinzregent Luitpold übernimmt für seinen entmündigten Neffen Ludwig II. die Regierungsgeschäfte.

1890: Reichenhall erhält von Prinzregent Luitpold von Bayern den Titel „Bad".

1900: München hat 500 000 Einw. und ist eines der Kunstzentren in Europa.

1912: Schließung der Saline in Traunstein.

1913: Ludwig III. wird zum letzten bayerischen König gekrönt.

1914–1918: Erster Weltkrieg.

1918: Novemberrevolution. König Ludwig III. verlässt Bayern, die Monarchie ist abgeschafft.

1919: Die Münchner Räterepublik wird ausgerufen und kurz danach zerschlagen.

1933: Letzte freie Reichstagswahl in Deutschland. Machtübernahme durch die NSDAP mit Adolf Hitler als „Führer und Reichskanzler".

1936: Olympische Winterspiele in Garmisch-Partenkirchen.

1937: Eröffnung der Autobahn von München nach Bad Reichenhall.

1939–1945: Zweiter Weltkrieg. Nach dessen Ende besetzten US-Truppen Oberbayern.

1946: München wird Hauptstadt des Freistaats Bayern.

1957: München hat 1 Mio. Einwohner.

1972: Olympische Sommerspiele in München.

1989: Die Chiemsee-Ringkanalisation nimmt ihren Betrieb auf.

1997: Das Staatsbad in Reichenhall wird privatisiert.

1999: Das Dokumentationszentrum auf dem Obersalzberg öffnet seine Pforten.

2006: In München wird die 18. Fußball-Weltmeisterschaft eröffnet.

2011: Einweihung der Inzeller Eisschnelllaufbahn und -halle.

2013: Das Jahrhunderthochwasser am Chiemsee steigt 168 cm über den normalen Wert.

2015: Inzell ist Austragungsort des Eisschnelllauf-Weltcups; am Königssee wird der Bob-Weltcup ausgerichtet.

2016: Im Febr. erschüttert ein schweres Zugunglück bei Bad Aibling mit 11 Toten und über 100 Verletzten deutschlandweit die Gemüter.

Bunte Farben versprechen Urlaubsvergnügen: Gstadt am westlichen Chiemsee-Ufer

Gamsbart über den Schnupftabak bis zu König-Ludwig-Darstellungen in allen Varianten, Größen, Formen und Farben. Stellt sich nur die Frage, ob man das wirklich haben möchte … Souvenirs sind etwas sehr Persönliches. Dem einen gefällt ein steinerner Maßkrug, der anderen ein Schmankerl-Paket, aus Berchtesgaden vielleicht mit Gourmetsalz. Oder Berchtesgadener War – kunsthandwerkliches Holzspielzeug wie etwa das Arschpfeiferrössl, traditioneller Christbaumschmuck aus Holz oder eine kunstvoll bemalte Spanholzschachtel. Ein Dritter nimmt wirklich ein echtes Charivari – eine Schmuckkette zur männlichen Tracht, die aus Silbermünzen und Medaillen, Hornscheiben, Tierpfoten oder Dachsbärten. Sie wurde übrigens traditionell vorm Hosentürl getragen. Passende bayerische Lederhosen, aber auch Trachten, Dirndl oder Loden-Kleidung kauft man am besten in entsprechenden Fachgeschäften.

Sport

Der Chiemgau und das Berchtesgadener Land bieten eine Vielzahl an Möglichkeiten, sich sportlich zu betätigen. Man kann wandern und bergsteigen, Rad fahren und mountainbiken, segeln und surfen, gleitschirmfliegen und ballonfahren, raften und reiten sowie im Winter skifahren, langlaufen und rodeln. Empfehlungen finden sich den Info-Teilen der jeweiligen Kapitel. Für Golfspieler ist die Chiemsee Golfcard interessant. Mit ihr bezahlt man ein ermäßigtes Greenfee von 199 Euro auf vier Plätzen, die man aus zwölf Plätzen auswählen kann (www.golfcard-chiemsee.de).

Sprache

Im Alltag wird von Einheimischen in beiden Regionen Bayerisch gesprochen. Da kann ein kleines Wörterbuch durchaus einmal hilfreich sein: www.bayrisches-woerterbuch.de.

Unterkunft

Hotels: Neuerdings ergänzen junge Hotels mit frischem Design wie das „Kempinski Berchtes-

Preiskategorien

€ € € €	Doppelzimmer	ab 200 €
€ € €	Doppelzimmer	150 – 200 €
€ €	Doppelzimmer	100 – 150 €
€	Doppelzimmer	bis 100 €

gaden" am Obersalzberg, das „Gut Ising" am Chiemsee, das „Hotel Edelweiss" in Berchtesgaden, das „Explorer Hotel" am Königssee und das „Gut Edermann" im Rupertiwinkel das traditionelle Angebot von Gasthöfen und Pensionen. Hotelempfehlungen finden sich auf den jeweiligen Info-Seiten.
Jugendherbergen: In allen Regionen des Chiemgaus und des Berchtesgadener Landes finden sich Jugendherbergen. Informationen im Internet unter www.jugendherberge.de.

Währung

Natürlich gilt auch in Bayern der Euro. Aber in ausgewählten Geschäften zahlen engagierte Einheimische, die damit die regionale Wirtschaft stärken wollen, manchmal mit einer Regionalwährung. In Deutschland ist der **Chiemgauer** die größte Regionalwährung mit einer Verbreitung in den Landkreisen Rosenheim und Traunstein. Eingetauschte Gutscheine sind jeweils drei Monate, maximal fünf Monate gültig. Durch seine erhöhte Umlaufgeschwindigkeit wird so für zusätzliche Wertschöpfung gesorgt. Im Berchtesgadener Land heißt die Regionalwährung **Sterntaler.**
Der **Wechselkurs** zum Euro ist jeweils 1:1 – die Regionalwährung verliert aber bei Nichteinlösung entschieden an Wert.

Register

Fette Ziffern verweisen auf Abbildungen

Impressum

1. Auflage 2016
© DuMont Reiseverlag, Ostfildern

Verlag: DuMont Reiseverlag, Postfach 3151, 73751 Ostfildern, Tel. 0711 45 02 0, Fax 0711 45 02 135, www.dumontreise.de
Geschäftsführer: Dr. Thomas Brinkmann, Dr. Stephanie Mair-Huydts
Programmleitung: Birgit Borowski
Redaktion: Horst Keppler
Text: Margit Kohl, München
Exklusiv-Fotografie: Christian Bäck, Großweil
Titelbild: Getty Images/Peter von Felbert
Zusätzliches Bildmaterial: Fotolia (Illustrationen; S. 22, 95, 114), Bildagentur Look/Andreas Strauß (S. 42/43), © VG Bild-Kunst, Bonn 2016 (S. 16/17), © Estate of Dan Flavin/VG Bild-Kunst, Bonn 2016 (S. 87)
Grafische Konzeption, Art Direktion: fpm factor product münchen
Cover Gestaltung: Neue Gestaltung, Berlin
Layout: CYCLUS · Visuelle Kommunikation, Stuttgart
Kartografie: © MAIRDUMONT GmbH & Co. KG, Ostfildern
Kartografie Lawall (Karten für „Unsere Favoriten")
DuMont Bildarchiv: Marco-Polo-Straße 1, 73760 Ostfildern, Tel. 0711 45 02 266, Fax 0711 45 02 10 06, bildarchiv@mairdumont.com

Für die Richtigkeit der in diesem DuMont Bildatlas angegebenen Daten – Adressen, Öffnungszeiten, Telefonnummern usw. – kann der Verlag keine Garantie übernehmen. Nachdruck, auch auszugsweise, nur mit vorheriger Genehmigung des Verlages. Erscheinungsweise: monatlich.

Anzeigenvermarktung: MAIRDUMONT MEDIA, Tel. 0711 45 02 0, Fax 0711 45 02 10 12, media@mairdumont.com, http://media.mairdumont.com
Vertrieb Zeitschriftenhandel: PARTNER Medienservices GmbH, Postfach 810420, 70521 Stuttgart, Tel. 0711 72 52 212, Fax 0711 72 52 320
Vertrieb Abonnement: Leserservice DuMont Bildatlas, Zenit Pressevertrieb GmbH, Postfach 810640, 70523 Stuttgart, Tel. 0711 72 52 265, Fax 0711 72 52 333, dumontreise@zenit-presse.de
Vertrieb Buchhandel und Einzelhefte: MAIRDUMONT GmbH & Co KG, Marco-Polo-Straße 1, 73760 Ostfildern, Tel. 0711 45 02 340
Reproduktionen: PPP Pre Print Partner GmbH & Co. KG, Köln
Druck und buchbinderische Verarbeitung: NEEF + STUMME premium printing GmbH & Co. KG, Wittingen, Printed in Germany

FSC
www.fsc.org
MIX
Papier aus ver-
antwortungsvollen
Quellen
FSC® C001857

Vorschau

Kleine Häuschen zwischen Felsen sind das Wahrzeichen der Côte de Granit Rose.

Ein warmer Sommerabend am Meer – das ist nicht nur in Marmaris ein Hochgenuss!

Türkische Südküste

Von Bodrum bis Adana
Alle wichtigen Orte, die schönsten Strände und lohnende Ausgrabungsstätten entlang der türkischen Südküste.

Blaue Reise
Perfekte Windverhältnisse, eine reizvolle Küstenszenerie und romantische Ankerplätze machen die Region zu einem beliebten Segelrevier.

Kreative Kochkunst
Vor allem für ihre Vorspeisen ist die türkische Küche berühmt. Sie sind nicht nur lecker sondern auch noch gesund!

Bretagne

Lust auf Meer
Die Küste ist das beherrschende Landschaftselement in der Bretagne. Gewaltige Klippen, mächtige Felsen sind dem Spiel der Gezeiten ausgesetzt, aber es locken auch herrliche Sandstrände.

Feudal übernachten
Egal ob im Châteaux (Schloss) oder Manoir (Herrenhaus) stilvoll übernachten kann man in beiden. Wir präsentieren Ihnen ganz besondere Adressen.

Unterwegs auf Zöllnerpfaden
Einst angelegt, um Schmuggler abzuwehren, erfreuen sich die Küstenpfade heute bei Wanderern großer Beliebtheit.

www.dumontreise.de